HEYNE <

W0033676

Die Autoren

Martin Knobbe, Jahrgang 1972, studierte Geschichte und Politik. Nach Abschluss der Henri-Nannen-Schule ging er als Reporter zum *stern* nach Hamburg.

Stefan Schmitz, Jahrgang 1964, studierte Politologie und Volkswirtschaftslehre. Er arbeitete als Bonner Korrespondent für die Nachrichtenagentur Reuters und das Magazin *Focus*. Seit 1999 ist er Reporter beim *stern* in Hamburg. Von ihm erschien bei Heyne *Die Geschichte des Kapitalismus* in Zusammenarbeit mit Arne Daniels.

Martin Knobbe & Stefan Schmitz

TERRORJAHR 1977

Wie die RAF Deutschland veränderte

WILHELM HEYNE VERLAG
MÜNCHEN

Terrorjahr 1977 erschien im Frühjahr 2007
als sechsteilige Serie in der Zeitschrift *stern*.

FSC

Mix

Produktgruppe aus vorbildlich
bewirtschafteten Wäldern und
anderen kontrollierten Herkünften

Zert.-Nr. SGS-COC-1940
www.fsc.org
© 1996 Forest Stewardship Council

Verlagsgruppe Random House FSC-DEU-0100
Das für dieses Buch verwendete FSC-zertifizierte Papier
München Super liefert Mochenwang.

Deutsche Originalausgabe 05/2007

2. Auflage
Copyright © 2007 by Wilhelm Heyne Verlag, München,
in der Verlagsgruppe Random House GmbH
www.heyne.de
Printed in Germany 2007
Herausgeber: Thomas Osterkorn, Andreas Petzold
Bildredaktion: Andreas Eucker, Berrit Barlet
Dokumentation: Andreas Moennich
Redaktion: Norbert Höfler
Umschlaggestaltung: Hauptmann und Kompanie
Werbeagentur, München – Zürich
Satz: Buch-Werkstatt GmbH, Bad Aibling
Druck und Bindung: GGP Media GmbH, Pößneck

ISBN: 978-3-453-62023-0

INHALT

Selbstmorde im siebten Stock

Die inhaftierten RAF-Anführer nehmen sich
das Leben – ihre Genossen in Freiheit töten

Das mörderische Sterben der RAF

Die Terroristen haben den Kampf verloren –
und machen dennoch viele Jahre weiter

VORWORT

Auch 30 Jahre nachdem die Rote Armee Fraktion die westdeutsche Nachkriegsrepublik an den Rand des Ausnahmezustands getrieben hat, bewegt der Terror von damals die Menschen. Die Debatten um die Freilassung der RAF-Terroristin Brigitte Mohnhaupt haben dies wieder gezeigt.

Dieses Buch erzählt die Geschichte der RAF von ihrem Anfang bis zu ihrem Ende. Es beschreibt, wie die Terrorgruppe entstanden ist und sich im Laufe der Jahre radikalisiert hat. Detailliert und übersichtlich werden die Ereignisse im »Terrorjahr 1977« erzählt: Die Ermordung von Generalbundesanwalt Siegfried Buback und des Chefs der Dresdner Bank, Jürgen Ponto. Die Entführung des Arbeitgeberpräsidenten Hanns-Martin Schleyer, die der Beginn jener 44 bleiernen Tage war, die man später den »Deutschen Herbst« nannte. Wie arbeiteten die Krisenstäbe? Was machte die Polizei? Schließlich: Was geschah in Mogadischu, wo die Elitetruppe GSG 9 die entführte Lufthansa-Maschine »Landshut« befreite? Und wie kamen die in Stammheim einsitzenden Terroristen zu Tode?

Das Phänomen des Terrors haben wir in die Geschichte der Bundesrepublik eingeordnet und seine Auswirkung auf die heutige Zeit analysiert: Welche Voraussetzungen machten den Terror erst möglich? Wie war die RAF von den 68ern und Rudi Dutschke beeinflusst? Wie gelang es, das Protestpotenzial von der brutalen Gewalt in friedliche Formen zu lenken?

Wir haben nach Antworten gesucht. In Archiven, wo wir auf bislang unveröffentlichte Quellen stießen. In Gesprächen mit vielen Zeitzeugen, die ihre Erlebnisse schilderten, aber auch ihre reflektierte Einschätzung der damaligen Zeit. In Interviews mit Wissenschaftlern, die sich seit Jahren mit Terrorismus und der RAF beschäftigen. Viele Bilder, zum Teil bislang unveröffentlicht, sollen die Geschichte der RAF anschaulich machen und ein Gefühl vermitteln für eine Zeit, die nur auf den ersten Blick unendlich weit weg scheint.

Martin Knobbe & Stefan Schmitz
Hamburg, im März 2007

VOM PROTEST ZUM TERROR

Die Ursprünge der RAF und ihr Weg in die tödliche Auseinandersetzung des Jahres 1977

Die Geschichte der Roten Armee Fraktion (RAF) beginnt an einem Frühlingstag 1970 im Berliner Stadtteil Dahlem. Am Vormittag des 14. Mai wird Andreas Baader aus der Haftanstalt Tegel in das Institut für soziale Fragen gebracht. Der selbst ernannte Revolutionär soll sich dort mit der bekannten Journalistin Ulrike Meinhof treffen, um an einem Buchprojekt zu arbeiten. Am Mittag sind die beiden gemeinsam auf der Flucht. Und in einem Berliner Krankenhaus kämpft der Institutsangestellte Georg Linke, von einer Kugel getroffen, um sein Leben. Es beginnt ein Albtraum, der die westdeutsche Nachkriegsrepublik fast dreißig Jahre lang beschäftigt und im Jahr 1977 zu ihrer größten Herausforderung wird.

Die Anfänge der RAF lassen sich als Krimi erzählen und als Tragödie. Der Krimi geht so: Meinhof befreit mit vier Komplizen den Strafgefangenen Baader bei seinem Ausgang nach Dahlem. Sie sitzt mit Baader und zwei Justizbeamten im Lesesaal des Instituts. Im Flur halten sich Irene Goergens und Ingrid Schubert bereit, auch sie scheinbar in Bücher vertieft. Plötzlich öffnen die beiden Frauen die Haustür und lassen zwei Maskierte – den Rest des Kommandos – herein. Als der 62-jährige Linke sich in Sicherheit bringen will, schießt einer der beiden. Der grauhaarige Herr wird in die Leber getroffen. Jetzt tobt der Kampf im Lesesaal. Die beiden Bewacher Baaders bringen die Lage nicht unter Kontrolle. Baader, Meinhof und ihre Begleiter entkommen. Durch ein Fenster, kaum einen Meter hoch, springen sie in ihr neues Leben. Um die Ecke wartet eine Frau in einem Alfa Giulia Sprint, dem Fluchtwagen. Befreier und Befreiter brausen davon. Wenig später hängt an den Berliner Litfasssäulen der Fahndungsaufruf: »Mordversuch. Belohnung 10 000 DM.«

Die Tragödie ist komplizierter. Sie beginnt fast drei Jahre zuvor, im Juni 1967. Der Schah ist zu Besuch in Berlin und die Studenten protestieren gegen ihn und sein Regime. In der Deutschen Oper erfreut Mozarts Zauberflöte den hohen Gast, während draußen auf der Straße die Polizei die Demonstranten niederknüppelt. In einer Seitenstraße zieht ein Polizist seine Waffe; ein Schuss löst sich. Der Student Benno Ohnesorg, der zum ersten Mal an einer Demonstration teilnimmt, ist tot. Von nun an eskaliert die Gewalt. Berlins Regierender Bürgermeister Heinrich Albertz verteidigt die prügelnden Beamten, die Springer-Presse macht Stimmung gegen die Studenten. »Man darf auch nicht die ganze Dreckarbeit der Polizei und ihren Wasserwerfern überlassen«, heißt es am 7. Februar 1968 in der *Bild*. Im April 1968 schießt ein rechtsradikaler Anstreicher Rudi Dutschke nieder und verletzt ihn lebensgefährlich. Der Anführer des Sozialistischen Deutschen Studentenbundes (SDS) ist das erste Opfer eines politisch motivierten Attentats in der Bundesrepublik. Er hat die Proteste gegen den Mief der Adenauer-Jahre angeführt; gegen alte Nazis, die niemand nach ihrer Vergangenheit fragt; gegen den Krieg in Vietnam und für eine bessere Welt.

In diesem Frühjahr 1968 berauscht sich die linke Szene am Geist der Demos und Straßenschlachten und den Inszenierungen der Westberliner Kommune 1, deren Frontmann Fritz Teufel sich mal wieder vor Gericht verantworten muss – wegen eines Flugblattes über einen Kaufhausbrand in Brüssel aus dem Vorjahr. Darin heißt es: »Ein brennendes Kaufhaus mit brennenden Menschen vermittelte zum erstenmal in einer europäischen Großstadt jenes knisternde Vietnam-Gefühl (dabei zu sein und mitzubrennen), das wir in Berlin bislang missen müssen.« Teufel wird freigesprochen. Es war nur Satire, sagt der Richter.

Doch dann brennen tatsächlich zwei Kaufhäuser in Frankfurt am Main. Die Zeitzünder stellen die Brandstifter so ein, dass die Feuer im Kaufhof und dem Kaufhaus Schneider um Mitternacht entfacht werden, um möglichst niemanden zu verletzen. Es soll ein Zeichen gegen den Vietnamkrieg sein. Der Sieg der Revolution scheint nahe. Nach den Kaufhausbränden schreibt Andreas Baader, einer der Brandstifter, an die Genossen: »Noch eine Bitte. Wenn Bonn gefallen ist, lasst uns die Nato übrig.« Die hätte er aus dem Knast besiegen müssen: Denn er, Gudrun Ensslin und die beiden Mittäter Thorwald Proll und Horst Söhnlein stellen sich so dilettantisch an, dass sie kurz nach der Tat gefasst werden. »Zerschlagt den Kapitalismus«, steht in Prolls Notizbuch, das die Polizei findet. Und: »Wann brennt das Brandenburger Tor? Wann brennen die Berliner Kaufhäuser?«

Ulrike Meinhof schreibt in *Konkret*, dem Zentralorgan der rebellischen Linken, über die Aktion. Darin fragt sie sich, ob der Brand den kapitalistischen Warenumschlag nicht eher anheizt, indem er überflüssige Konsumgüter auf Kosten der Versicherung entsorgt. Das scheint ihr nicht besonders revolutionär. Aber eines bleibt immerhin als »progressives Moment« der Tat – nämlich der Gesetzesbruch, denn: »Das Gesetz, das da gebrochen wird durch Brandstiftung, schützt nicht die Menschen, sondern das Eigentum.«

Heute klingt das absurd. Damals nicht. Die »anfängliche Faszination der RAF« scheint Daniel Cohn-Bendit, dem ehemaligen Studentenführer und heutigen Grünen-Politiker, als empfindlichste Stelle der Linken. Gewalt als Mittel der politischen Auseinandersetzung ist in der 68er-Bewegung keinesfalls diskreditiert. Rudi Dutschke transportierte im Kinderwagen seines Sohnes Hosea Che einmal Sprengstoff durch die Straßen Berlins; mit einer Bombe im Gepäck macht er sich – wie Weggefährten berichten – auf, um einen Sendemast des amerikanischen Soldatensenders AFN im Saarland zu zerstören. »Einfach ein anderer Zeitgeist«, sagt Dutschkes jüngster Sohn Marek, der dem Vater erschütternd ähnlich sieht. »Deren Helden waren Che Guevara und Ho Che Minh. Nicht Martin Luther King oder Gandhi.« Also die Guerillakämpfer und nicht die, die auch noch die andere Backe hinhalten. »Che« war der Größte von allen. »Schon das Foto«, sagt Marek Dutschke. »Da ging nichts drüber.«

Als die Bewegung 1969 und 1970 abebbt, hocken die Revolutionäre in ihren Kneipen und Wohngemeinschaften und fragen sich, was jetzt zu tun ist. »Gewalt gegen Sachen« heißt die angeblich legitime Form des Widerstands unter den radikalisierten Studenten. Feinsinnig unterschieden von der Gewalt gegen Personen – aber wo ist die Grenze, gibt es sie überhaupt?

Die Tragödie nimmt ihren Lauf. Schluss mit der Debatte, fordern die RAF-Kader der ersten Stunde. Sie wollen handeln, nicht nur reden. Die Menschheit befreien. Als sie sich im Frühjahr 1970 formieren, sitzt Baader im Knast und verbüßt den Rest seiner Brandstifter-Strafe. »Wir brauchten ihn«, sagt eine ergraute RAF-Frau. »Nur er konnte den Kampf anführen.« Deshalb die Befreiungsaktion. Dass dabei geschossen wird, gilt auch den Befreiern als Desaster. »Der Schütze ist intern heftig kritisiert worden«, erinnert sich Monika Berberich, die damals zu den RAF-Gründern zählt. Sie hätten nicht gewollt, dass jemand zu Schaden komme.

Aber nun, an diesem 14. Mai 1970, ist Blut geflossen. Offenbar in Panik klingeln Baader und Genossen kurz nach der Flucht bei Hans Magnus Enzensberger, dem linken Großintellektuellen, der in Berlin-Friedenau wohnt. Sie suchen Unterschlupf; doch Enzensberger sagt ihnen, dass oft ein merkwürdiges Auto vor der Tür stehe und sie bei ihm alles andere als sicher wären. Kühl geplante Aktionen sehen anders aus. »Im Grunde ist die RAF aus einem Versehen entstanden«, erinnert sich Enzensberger in einem Interview für die große Geschichte der RAF, die vom Hamburger Institut für Sozialforschung herausgegeben wurde. »Der charakteristische Zug an dieser ganzen Sache ist ja durchgehend bis zum Schluss ihre Selbstbezüglichkeit gewesen. Sie hatten nie eine politische Forderung, die irgendwie diskutabel gewesen wäre. Es ging immer nur um sie selbst.«

Baader ist aufgewachsen in einem reinen Frauenhaushalt. Trotzdem – oder gerade deshalb – gibt er sich autoritär, betont seine Männlichkeit. »Was an Baader faszinierte, war seine gespielte Revolte«, sagt Cohn-Bendit. Was daran echt war und was nicht, ist schwer zu unterscheiden. Manche, wie der ehemalige Präsident des Bundeskriminalamtes, Horst Herold, halten Baader für klüger und intellektueller, als er sich selbst darstellte. Andere, wie Enzensberger, widersprechen heftig: »Mir ist bei Baader immer der Zuhälter eingefallen, der ja offenbar auch die Gabe hat, Frauen auf irgendeine Weise an sich zu fesseln.«

Jedenfalls hat er von allen RAF-Leuten das praktischste Verhältnis zur Gewalt. Er braucht keine großen Theorien. »Bist du bereit zu fighten« sei seine Lieblingsfrage gewesen, erinnern sich Berliner Weggefährten. Einmal, am Starnberger See, lange vor dem ersten Anschlag, will er eine Katze ersäufen. Gudrun Ensslin verhindert es. Sie balgt sich mit Baader um die Katze, wie sich Thorwald Proll erinnert. Baader verströmt Sex und Revolution und Gewalt. Für ihn ist das Leben ein Kampf, die Liebe eingeschlossen: »Ficken und schießen sind ein Ding«, sagt er.

Bei Meinhof, der ehemaligen *Konkret*-Chefredakteurin, sind die Gedankengänge etwas komplizierter, aber das Ergebnis ähnlich. 1973 schreibt sie »raf heisst praxis, bewaffneter antiimperialistischer kampf und genau nicht: noch ne theorie ... der letzte stand der theorie der raf soll immer ihre praxis sein«.

Die Anfänge sind kümmerlich – gerade in praktischer

Hinsicht. Im Juni 1970 geht es deshalb ins palästinensische Ausbildungslager nach Jordanien. Zurück in Berlin zeigt sich, dass der Kampf in den Bergen sich doch von dem in den Metropolen unterscheidet. Ein paar Banküberfälle spülen Geld in die Kasse. Doch dann klingelt die Polizei in der RAF-Wohnung in der Knesebeckstraße. Die Beamten stellen Ingrid Schubert in der Wohnung und warten danach einfach ab: Nacheinander gehen ihnen vier Gruppenmitglieder in die Falle, darunter Horst Mahler, Rechtsanwalt und ideologischer Kopf der Gruppe. Der weitgehend Kahlköpfige hat sich mit einem Toupet getarnt und behauptet, ein anderer zu sein. Da reißt ihm ein Polizist die Perücke vom Kopf. »Kompliment, meine Herren«, sagt Mahler. Von jetzt an hat die RAF zwei Teile: Einen in Haft und einen im Untergrund.

In der RAF-Schrift über den bewaffneten Kampf in Westeuropa vom Frühjahr 1971 heißt es noch: »Die Bomben gegen den Unterdrückungsapparat schmeißen wir auch in das Bewusstsein der Massen.« Das war das eigentliche Ziel der Gewalt. Sie musste in den Köpfen etwas bewirken, sonst war sie sinnlos. Nur die Menschen, die Arbeiter allen voran, wollen nicht einsehen, dass sie unterdrückt werden. Die selbst ernannte Avantgarde ist Lichtjahre von ihnen entfernt: Andreas Baader, schreibt Thorwald Proll, »war ein Held der Arbeiterklasse, obwohl wir die Arbeiter gar nicht kannten«. Aus den Tiefen der Archive werden heute Dokumente freigegeben, die zeigen, wie die RAF das Unverständnis derjenigen erklärte, die sie erlösen wollte vom Terror des Imperialismus und des Konsums. Da finden sich Notizen von Ulrike Meinhof über den Kanzler Helmut Schmidt, gedacht als Schulungsunterlagen für den RAF-Nachwuchs, in denen sie fragt: »Warum sagt H. Schmidt, wir können uns keine Arbeitslosen leisten. Arbeitslose konsumieren nichts. Ohne Konsum hält das System nicht mehr zusammen – die Macht des Systems über die Menschen.«

Wirklich populär war das nie in Deutschland. Aber am Anfang ist die RAF auch nicht völlig abgeschnitten vom Rest der Bevölkerung. »Sechs gegen 60 Millionen« schreibt Heinrich Böll 1972 in seinem berühmten Artikel »Will Ulrike Gnade oder freies Geleit«. Die Zählung mag nicht ganz falsch sein; aber richtig ist sie auch nicht. Eine repräsentative Umfrage ergibt im März 1971, dass immerhin jeder zwanzigste Westdeutsche flüchtige RAF-Mitglieder für eine Nacht beherbergt hätte. Eine Mehrheit hält die Terroristen für »politische Kämpfer«. Noch umweht sie der Hauch der 68er-Revolte, des Idealismus und der ehrlichen Empörung über die Versäumnisse der Kriegs- und Nachkriegsgeneration.

Nicht nur die RAF polarisiert, sondern auch ihre Gegner, insbesondere die Springer-Presse. Sie geht auf jeden los, der eine eindeutige Distanzierung verweigert. Von »böllernden Schreibtischhelfern« schreibt Herbert Kremp in der *Welt* nach Bölls Artikel über Ulrike Meinhof. ZDF-Rechtsausleger Gerhard Löwenthal zählt den Nobelpreisträger gar zu den »Sympathisanten des Linksfaschismus«.

Zum ersten Mal seit der Gründung der Bundesrepublik gilt innere Sicherheit nicht mehr als eine Selbstverständlichkeit, für die die Polizei zu sorgen hat, sondern als wichtige politische Aufgabe. Gefährdet wird sie nicht von gewöhnlichen Kriminellen, sondern von intelligenten und entschlossenen Tätern, die das System zum Einsturz bringen wollen. Die markige Reaktion des Staates demonstriert seinen Mangel an Souveränität. Jeder, der der RAF eine politische Motivation zubilligt, macht sich verdächtig. Und wer sie unterstützt, der gerät in die Mühlen eines unnachgiebigen Apparats, der ganz erpicht darauf ist, seine Wehrhaftigkeit zu beweisen – obwohl seine Existenz nie durch die versprengten Desperados ernsthaft in Gefahr gerät. Otto Schily, der fähigste und arroganteste der RAF-Verteidiger, erlebt die Unerbittlichkeit der Justiz am Beispiel seiner Mandantin Katharina Hammerschmidt. Er bringt die Frau aus der RAF-Unterstützerszene dazu, sich zu stellen – sie stirbt im Knast, weil sie den Gefängnisärzten so lange als Simulantin gilt, bis ihre offensichtliche Krebserkrankung nicht mehr heilbar ist. Schily, der von Baader wegen des Todes der Genossin heftig angegriffen wird, wirft sich vor, die Gnadenlosigkeit des Systems unterschätzt zu haben. Dabei sind nicht alle auf Seiten von Staat und Justiz borniert und blind für die besonderen Motive der RAF-Täter. »Wir haben es mit einem gesellschaftspolitischen Problem zu tun. Wir müssen dem Anarchismus den Boden entziehen«, warnt BKA-Chef Herold schon 1972. »Wenn die Revolution in der nächsten Zeit nicht von oben kommt, dann kommt sie mit Sicherheit in kurzer Zeit von unten.«

Herold hat sein Amt in Wiesbaden im Sommer 1971 angetreten. Da zählt der Fuhrpark der Behörde kaum mehr als ein Dutzend Autos. Computer gibt es keine. Und Herold, der als Polizeipräsident von Nürnberg neue Wege in der Verbrechensbekämpfung gegangen war, träumt davon, aus der verschnarchten Behörde eine Art wissenschaftliches Zentrum zu machen. Er ist noch nicht ganz angekommen im neuen Job, da erreicht ihn bei Aufräumarbeiten in Nürnberg ein Anruf von Innenminister Hans-Dietrich Genscher. In Hamburg ist der Polizeibeamte Norbert Schmid von Terroristen erschossen worden – er ist der erste tote Beamte im Kampf gegen die RAF. Genscher überträgt dem erschrockenen Herold die gesamten RAF-Ermittlungen. »Sie müssen das machen«, sagt Genscher. »Um Gottes willen«, antwortet Herold. »Sie kennen doch den Laden.« Genscher verspricht jede Unterstützung – und die Aufrüstung des BKA zu einer gigantischen Fahndungsmaschine beginnt. Es wird ein Wettlauf gegen die Zeit. Überall im Land fahndet Herold nach den Terroristen.

Die RAF-Kader verbergen sich in konspirativen Wohnungen, die sie so wenig wie möglich verlassen. Margrit Schiller, die am Tod des Beamten Norbert Schmid beteiligt war, beschreibt in ihren Erinnerungen ein Hamburger Versteck: »Die Wohnung sah wie alle Wohnungen der RAF aus: ein paar Schaumstoffmatratzen und Decken, ein Telefon, zwei Radiogeräte, ein paar Koffer und Taschen, Werkzeuge, Waffen, Munition, Sprengstoff.« Es ist Herbst 1971 – im Vergleich zum Vorjahr ist die Arbeit der Gruppe deutlich professioneller geworden.

Wenige Monate zuvor hat es auf Seiten der Terroristen die erste Tote gegeben: Petra Schelm, ein 20-jähriges Mädchen; sie gerät mit ihrem Begleiter Werner Hoppe in Hamburg-Bahrenfeld in eine Polizeikontrolle, sie schießt und wird erschossen.

Allein in zwei Wochen im Mai 1972 verübt die Gruppe

sechs Sprengstoffanschläge. Angegriffen werden unter anderem das US-Hauptquartier in Frankfurt, Polizeieinrichtungen in München und Augsburg sowie das Springer-Verlagshaus in Hamburg. Am Privatwagen des Bundesrichters Wolfgang Buddenberg wird eine Bombe angebracht, die seine Frau verletzt, als diese den VW 1300 startet. Die RAF richtet sich nicht nur gegen Polizei und Justiz, sondern auch gegen die Vertreter der verhassten USA und die als amerika- und kapitalistenfreundlich angesehenen Medien.

Terroristenjäger Herold schwebt nach der Anschlagserie im Hubschrauber über die Autobahnen, auf denen sich die Autos stauen, weil er alles und jeden kontrollieren lässt. Weil er einen Fahndungsdruck erzeugt, der die RAF in Panik und zu Fehlern treiben soll. Dann, so das Kalkül, kann er sie fangen.

Herold hat Glück: Am 1. Juni 1972 fahren Baader, Holger Meins und Jan-Carl Raspe – die erste Reihe der RAF – in Frankfurt vor einer Garage vor, die von der Polizei als mögliches RAF-Objekt observiert wird. Baader wird bei der Schießerei mit der Polizei verletzt und wie die beiden anderen festgenommen. Abends im Fernsehen ist zu sehen, wie Baader von einer Kugel getroffen wird. Er brüllt vor Schmerzen. Unter der linken Pobacke reißt die Kugel ein Loch in den Oberschenkel. Gudrun Ensslin, seine Kampf- und Lebensgefährtin, sieht die Szene mit dem RAF-Kader Gerhard Müller. Der erinnert sich, sie sei ausgeflippt und habe gerufen: »Haben die den jetzt in den Schwanz geschossen?« Haben sie nicht. Aber er muss sofort operiert werden.

Keine Woche später geht Ensslin in Hamburg in die

Falle; kurz darauf Brigitte Mohnhaupt in Berlin. Mitte Juni stellt die Polizei auch Ulrike Meinhof und Gerhard Müller, einen Monat später Klaus Jünschke und Irmgard Möller. Die erste Generation der RAF sitzt jetzt fast geschlossen im Gefängnis. Darunter die Terroristen, um deren Befreiung es im Jahr 1977 geht. Sie bleiben die An- und Wortführer der Gruppe.

»Setzt die Schweine von außen unter Druck und wir von innen«, heißt es in der Hungerstreikerklärung der Gefangenen vom Mai 1973. »Solidarität stellt die Machtfrage!« Der Staat versucht, die Gefangenen zu isolieren – ihnen soll es unmöglich gemacht werden, aus den Haftanstalten heraus ihre Arbeit fortzusetzen. Gerade das liefert die Vorlage für ihre Strategie, mit dem »Kampf gegen die Vernichtungshaft« – so der Titel einer Schrift des »Komitees gegen die Folter an politischen Gefangenen in der BRD« – Solidarität im linken Lager zu erzeugen. 237 Tage sitzt Ulrike Meinhof 1972 im sogenannten Toten Trakt des Gefängnisses Köln-Ossendorf, wo sie in einem Flügel mit acht Zellen ganz alleine untergebracht ist. Astrid Proll wird ähnlichen Haftbedingungen ausgesetzt. Der Anwalt der Frauen, Ulrich Preuß, klagt: »Sie lebten praktisch 24 Stunden lang ohne unterscheidbare Umwelt.« Meinhof schreibt über ihre Gefühle in der Einzelhaft: Es sei, als ob der Kopf platze, einem das Rückenmark ins Hirn gedrückt werde. Sie hat »Auschwitzphantasien«. Die Haftmethoden, so verbreitet es die RAF, sind Folter – wissenschaftlich ausgeklügelt, brutal, vernichtend. Ein Massaker, bei dem kein Blut fließt. Margrit Schiller schreibt, die »weiße Folter arbeitet nicht mit physischer Gewalt, nicht mit Schlägen oder Elektroschocks, sondern mit absoluter menschlicher Isolation, mit dem Entzug jeder lebendigen Kommunikation. Trotz Radio, Büchern und vielleicht sogar Fernsehen stirbt dabei ein Mensch in seiner seelischen Substanz.«

Jetzt hat die Gruppe die Chance, den Staat als das hinzustellen, als das zu »entlarven«, wofür sie ihn hält: faschistisch. In Frankfurt kommen die Anti-Folter-Komitees im Mai 1973 zu einer Veranstaltung zusammen, auf der Professor Christian Sigrist zusammenfasst: Damit das »imperialistische Repressionskalkül« nicht aufgehe, »müssen wir in kollektiver Anstrengung die Öffentlichkeit über den faschistischen Charakter der repressiven Maßnahmen unserer Justiz aufklären und unserer Forderung nach ihrer Aufhebung durch unmittelbare Aktionen Nachdruck verleihen.«

Aus den Zellen machen die Gefangenen Druck, die Solidarität prominenter Linker einzufordern. In einem Kassiber, einer heimlich aus dem Gefängnis geschmuggelten Order, fragt Gudrun Ensslin im Mai 1973 die Anwälte: »Ward Ihr bei böll, sölle, scharf, mitscherlich, niemöller, nochmal gollwitzer ...?« Sie sollen eine Anzeige gegen die Haftbedingungen unterschreiben und »wenn sie's aber nicht tun. Und nat. tun sie's wahrscheinlich nicht, kann man sie aber damit erpressen, sich was andres einfallen zu lassen«. Der größte Coup der Kampagne ist der Besuch des französischen Großintellektuellen Jean-Paul Sartre 1974 bei Baader im Gefängnis. Die konservative Presse hält dagegen. In *Bild* wird Sartre als Greis verhöhnt, dem das Hasch das Hirn vernebelt. Schlimmer für die RAF ist, dass ihre Kampagne weniger echte, inhaltliche Solidarisierung weckt als Mitleid und Empörung. Das

Image des Staates wird beschädigt – aber die Revolutionäre stehen nicht als Avantgarde, sondern als Opfer da.

Immer aggressiver werden die Anwälte von den Gefangenen aufgefordert, sie politisch zu unterstützen. Die »Vermittlung nach draußen« nennt Ensslin ausdrücklich als »Job der Anwälte«. Aber das ist nicht alles: Vor allem sollen sie »Informationsverteiler« zwischen den Gefangenen und ihren Genossen in Freiheit aufbauen. Sie sind das Bindeglied nach draußen. Deshalb, so schreibt es der RAF-Gefangene Rolf Heißler, müsse an sie ein »besonderer Leistungsanspruch« gestellt werden, den sie teilweise nicht erfüllen wollen. Es gehe aber nicht nur um juristischen Beistand, sondern darum, »dass wir darauf hinarbeiten, dass wir den Zeitpunkt unserer Entlassung bestimmen«.

Der Staat schlägt zurück: Mit Sondergesetzen, mehr Polizei, härteren Haftbedingungen, neuen Fahndungsmethoden. Auf der einen Seite stehen selbst ernannte Revolutionäre wie Andreas Baader – geboren in den Trümmern von München, politisiert gegen die Aufbaugeneration der Republik, die von Hitler und ihrer eigenen Beteiligung am Nazi-Mordwahn nichts mehr hören wollte. Auf der anderen Seite: »Die Leutnants«, wie die Ex-Terroristin Gabriele Rollnick noch heute schimpft. Männer wie BKA-Chef Horst Herold, Kanzler Helmut Schmidt und CSU-Wortführer Friedrich Zimmermann, die in der Wehrmacht gedient haben und nun ihren Staat mit einer Härte und Effizienz verteidigen, die tatsächlich an das Militär erinnert. Kalt bis ans Herz – zumindest den Terroristen gegenüber. Besonders Schmidt, der seine Qualitäten als Macher und Manager im Kampf gegen die RAF ausspielt, wird so zum

Feindbild. Ein RAF-Mann imitiert den schnarrenden Tonfall, mit dem Schmidt nach dem Hungertod des RAF-Gefangenen Holger Meins gesagt habe: »Die Herren müssen wissen, dass das Gefängnis kein Hotel ist.«

Der Tod von Meins ist eine Schlüsselszene in der Auseinandersetzung zwischen Staat und Terroristen, aber auch innerhalb der RAF. »Mord« und »Folter« skandieren nach Meins Tod 1974 Hunderte; sie ziehen durch Berlin und Frankfurt und Stuttgart. Rudi Dutschke sagt am Grab des Genossen: »Holger, der Kampf geht weiter.« Kurz darauf wehrt er sich gegen den Vorwurf, die Praxis der RAF zu unterstützen. Aber ein letztes Mal scheint es nicht völlig und zu einhundert Prozent absurd, was Ulrike Meinhof in sehr stillen Momenten der Haft in ordentlicher Handschrift auf kariertes Papier im »Lied von der RAF« notiert: »Die RAF ist der Vortrupp der Massen. Sie führt den Kampf.«

Aber was für einen Kampf? In den Knästen – wo der überwiegende Teil der Kader seit Jahren gefangen gehalten wird – geht es um Leben, Tod, Essen, Revolution. Und um Krieg. Jeder gegen jeden. »Hast du dir in die Hose geschissen, wasch sie«, schreibt Holger Meins wenige Wochen vor seinem Tod an Manfred Grashof. Seit 50 Tagen hungern die Gefangenen. Der eigene Körper ist ihre letzte Waffe. Und Grashof? Er will nicht mehr hungern, kann es nicht länger. »Es werden Typen dabei kaputtgehen«, hatte Andreas Baader angekündigt. »Wir werden den Hungerstreik diesmal nicht abbrechen.« Am Ende ist es Holger Meins, der kaputtgeht. Als er am Samstag, dem 10. November 1974, tot in seiner Zelle in der Haftanstalt Wittlich liegt, wiegt der über 1,80 Meter große Mann, der einst aussah wie der deutsche Che Guevara, 39 Kilogramm. Über sein ausgemergeltes Gesicht wuchert der Bart, die Augen liegen tief in den Höhlen. Kein Arzt ist zur Stelle, als er stirbt. Monate zuvor hatte er geschrieben, wenn er ums Leben kommen sollte, sei es Mord. »Glaubt den Lügen der Mörder nicht.«

Grashof war zuvor vorübergehend aus dem Hungerstreik ausgestiegen. Er werde »vor sich auskotzen«, hatte ihm der RAF-Anwalt Klaus Croissant prophezeit. Jetzt tut er es. Vier Tage nach dem Tod von Holger Meins schreibt Grashof den Genossen, er sei »Verräter, Lazarus, Judas«: »Die Wahrheit ist, dass ich den Hungerstreik von Beginn an geführt habe orientiert an meinem versauten Bedürfnis zu überleben.« Er knickt ein, schämt sich, dass er leben wollte. Dabei hatte er noch kurz zuvor in einem Brief an Baader in seine Schreibmaschine gehackt: »nicht nur du hast ne niere/ n kreislauf etc. pp.« Da wackelt das ganze Weltbild der RAF, die ihren Hungerstreik zum Fanal gegen den angeblichen Terror des Staates machen will. Grashof klagt an: »einerseits quatscht alle welt von zwangspsychiatrisierung (...) davon, dass jahrelange iso=folter=vernichtung=bewußtsein rausfixen etc – andererseits wird das aber nicht die bohne als für einen von uns in irgendeiner weise relevant erachtet.«

Die RAF ist ein Trümmerhaufen. Aber sie lebt. Die Revolutionäre in Freiheit klauen Autos, überfallen Banken, mieten konspirative Wohnungen und tragen die Waffe stets im Hosenbund. Ihr Ziel ist der Sturz des Imperialismus – aber erst mal müssen die gefangenen Genossen befreit werden. Die »Bewegung 2. Juni« – die zweite Terrorgruppe der 70er-Jahre – macht es im Februar 1975 vor.

In Berlin verschleppt sie den CDU-Politiker Peter Lorenz und presst fünf Gefangene frei. So also kann es gehen. Doch der Preis ist hoch. Fritz Teufel, der alte Kommunarde aus Berlin, spottet, die RAF sei nur eine »Befreit-die Guerilla-Guerilla«. Sie beschäftigt sich immer mehr mit sich selbst.

»Zwischen uns und dem Feind einen klaren Trennungsstrich ziehen« – dieses Mao-Zitat steht schon 1971 auf dem Titelblatt des »Konzeptes Stadtguerilla«, einer zentralen RAF-Schrift. »Man hat sich nicht integrieren wollen«, erinnert sich der ehemalige RAF-Mann Karl-Heinz Dellwo heute. »Wir wollten uns auch für eine sozialdemokratische Variante des Kapitalismus nicht zurichten lassen.« Aus der Abgrenzung wird Paranoia, oder besser: die Voraussetzung, um den Wahnsinn über viele Jahre fortführen zu können. Immer enger zieht die RAF die Trennungslinie.

Außerhalb der Knäste macht sich eine neue RAF-Generation – oft rekrutiert in den Aktionen gegen die Isolationshaft – daran, die Befreiung der Gefangenen zu planen. »Wenn wir die Gefangenen rausholen, bringen wir dem Staat eine materielle Niederlage bei«, denkt Dellwo damals. Im Frühjahr 1975 ist er bei der blutigen Botschaftsbesetzung in Stockholm dabei – und fortan Teil der einsitzenden Roten Armee Fraktion, die um jeden Preis befreit werden soll. Strategiedebatten, angesichts des immer offenkundigeren Widerspruchs zwischen Theorie und Praxis der RAF überfällig, werden auf die Zeit nach der Befreiung der Führungskader geschoben. Fürs Erste steht die Aktion im Vordergrund. Die öffentliche Wirkung, letztlich entscheidend für den Erfolg von Guerillabewegungen, tritt zurück hinter das eine Ziel: Baader und die anderen herauszuholen. Längst gilt nicht mehr die Regel aus den RAF-Anfangstagen, »den Bullen laufen zu lassen, der uns laufen lässt«. Und erst recht nicht mehr die vom frühen RAF-Denker Horst Mahler formulierte Devise, dass sich der »revolutionäre Terror« ausschließlich gegen Exponenten des Systems zu richten habe. Dellwo etwa sagt zur Lage 1975: »Die Haltung in linken Kreisen war: Man kann zwar was machen, aber dann geht es in die Kiste und man ist verloren. Das wollten wir aufheben. Wir haben gesagt: Es gibt für uns in jeder Situation einen Ausweg. Deshalb war die Aktion in Stockholm nicht auf das Massenbewusstsein ausgerichtet. Da ging es nicht um den Arbeiter bei Blohm und Voss.« In der Folge hätten sich tatsächlich andere wegen der »Klarheit der Aktion« radikalisiert, etwa Willy-Peter Stoll.

»Klarheit der Aktion«, das bedeutet: bislang nicht gekannte Rücksichtslosigkeit. Der Staat scheint so schwach wie nie. Bei Lorenz war er ja auch eingeknickt. Doch diesmal, in Stockholm, ist alles anders. Helmut Schmidt, bei der Lorenz-Entführung vom Fieber geschüttelt, will sich auf keinen Fall erpressen lassen. Als die Terroristen die deutsche Botschaft in Stockholm gestürmt, den Militärattaché Andreas von Mirbach getötet und elf Geiseln genommen haben, beharrt Schmidt darauf: »Wir dürfen hier nicht nachgeben.« Das RAF-Kommando stellt Forderungen, die weit über die wohldosierten Bedingungen des »2. Juni« bei der Lorenz-Entführung hinausgehen. 26 Täter sollen freikommen, darunter die erste Garde der RAF. Baader, Meinhof, Ensslin und andere. Schmidt bleibt keine Wahl – auch nicht, als in Stockholm der Wirtschaftsattacheé Heinz Hillegaart erschossen wird. »Wir werden zu jeder vollen Stunde nach unserem Ultimatum einen Botschaftsangehörigen erschießen«, teilen die Täter mit. Das nächste Opfer ist bereits bestimmt: Kulturreferent Arno Elfgen soll sterben. Doch kurz vor Mitternacht explodieren die von dem RAF-Kommando im Gebäude angebrachten Sprengladungen. Die Geiseln – zum Teil schwer verletzt – fliehen aus dem brennenden Gebäude. Auch die Attentäter versuchen, sich in Sicherheit zu bringen. Noch in der Botschaft stirbt der 29-jährige Ulrich Wessel. Siegfried Hausner wird schwer verletzt, die anderen festgenommen. Schwedens Regierungschef Olof Palme sagt später: »Nachher war es Sache Schwedens, die Aktion abzuwickeln.« Konkret bedeutet das, dass die Schweden die Täter in ein Flugzeug packen, und nach Hamburg schicken – auch Siegfried Hausner. Er stirbt kurz darauf. In den Augen der RAF ein Märtyrer, ein Opfer des faschistischen Staates. Sein Tod leitet eine weitere Eskalation ein. Vor allem aber: Da die Bomben versehentlich hochgehen, kann die RAF weiter glauben, dass Geiselnahmen und Entführungen ein taugliches Mittel seien, um die inhaftierten Genossen freizupressen. Sie wollen es erneut versuchen.

Anführer der RAF ist nun der ehemalige Anwalt Siegfried Haag. Er taucht ab in den Untergrund. Schriftlich erklärt er dazu: Der Staat habe die Vernichtung von Revolutionären zum Programm erhoben und diffamiere und kriminalisiere ihre Anwälte. Deshalb wolle er nicht länger seinen Beruf ausüben. »Es ist an der Zeit, im Kampf gegen den Imperialismus wichtigere Aufgaben in Angriff zu nehmen.«

BKA-Chef Herold – Spitzname: Kommissar Computer – perfektioniert die Fahndungsmethoden. Er verschafft der Polizei immer neue Instrumente und Kompetenzen: von der Häftlingsüberwachung über die beobachtende Fahndung bis zur »Ziel- und Vorrangsfahndung«. Herold ermittelt mit so großem Erfolg, dass er die Täter oft schon unmittelbar nach der Tat benennen kann. Die meisten stecken in seinem Computer. Tausende Personen werden überwacht. Wer trifft wen? Wer meldet sich wo im Hotel an? Mietet ein Auto? Passiert eine Grenze? Alles will Herold wissen. Dazu kommen neue Gesetze: Die Anzahl der Wahlverteidiger wird beschränkt, der Ausschluss von Anwälten erleichtert, die Verteidigung mehrerer Angeklagter in einem Verfahren verboten und die Bedingungen ausgeweitet, unter denen Verdächtigen auch der Prozess gemacht werden kann, wenn sie verhandlungsunfähig sind. Das ist neu. Verfahren gegen NS-Täter waren stets zu Ende, wenn der Angeklagte an ihnen nicht mehr teilnehmen konnte.

In Stuttgart-Stammheim werden die neuen Waffen des Staates erprobt. Seit dem 21. Mai 1975 stehen dort Baader, Ensslin, Meinhof und Raspe vor Gericht. Eigens für den Prozess wird eine Mehrzweckhalle neben dem Gefängnis gebaut. Schon am ersten Tag kommt es zum Eklat, weil drei Verteidiger Baaders aufgrund der nagelneuen Paragrafen in der Strafprozessordnung nicht zugelassen werden. Sie sollen heimlich Kassiber aus dem Gefängnis transportiert haben, verbotene schriftliche Mitteilungen. Nun fordern Otto Schily und Rupert von Plottnitz – damals beide Anwälte der RAF und später Minister – die Zulassung des Trios als Beistand für die anderen Angeklagten. Andernfalls, empfiehlt von Plottnitz, könne man gleich einen Bundeswehrgeneral zum Vorsitzenden Richter machen und ein paar Offiziere zu Beisitzenden. Das ist der Ton, in dem die Auseinandersetzung geführt wird. »Stammheimer Landrecht« nennt von Plottnitz die Verfahrensregeln. Gericht und Strafverfolger reagieren beherrschter im Ton, aber gnadenlos in der Sache. Sie wollen das Verfahren um jeden Preis durchziehen. Der Gerichtssaal, umgeben von hohen Betonmauern, wird zur zentralen Bühne der Auseinandersetzung des Staates mit seinen Gegnern. Beide Seiten setzen auf Tricks jenseits der Legalität: Anwälte schmuggeln Gegenstände und Schriftstücke in die Zellen, der Staat hört mit heimlich installierten Wanzen Gespräche ab; der Vorsitzende Richter mauschelt mit alten Freunden in der Revisionsinstanz, so dass er ausgetauscht werden muss. Im *stern* sagt der spätere Generalbundesanwalt Buback 1975: »Die Frage ist doch: Gilt der Grundsatz des fairen Prozesses, den Sie angesprochen haben, auch dann, wenn ein Verteidiger seine Vorrechte missbraucht und wenn der Mandant davon gewusst hat oder sogar dazu angestiftet hat? Ich bin der Meinung: Nein.« Stammheimer Landrecht eben.

Unter den Angeklagten wachsen die Spannungen, vor allem zwischen Gudrun Ensslin und Ulrike Meinhof. »Das Messer im Rücken der RAF bist du«, giftet Ensslin.

Vier Jahre sitzt Meinhof im Gefängnis. Am Morgen des 9. Mai 1976 wird sie erhängt in ihrer Zelle gefunden. Wieder gibt es Streit um die Frage, ob es Mord oder Selbstmord war. Aber anders als bei Meins Tod bleibt die Reaktion der Unterstützer in Freiheit verhalten. Keine Demos, keine Aufmärsche. Tausende trauern um Ulrike Meinhof, aber es ist kein Fanal. Die RAF, eine Kaderorganisation von vielleicht ein paar Dutzend entschlossenen Mitgliedern, scheint ganz auf sich gestellt. Aber sie haben nicht aufgegeben. Weder die im Knast noch die draußen.

Am 4. Dezember 1976 beugen sich im feinen Hotel Frankfurter Hof Innenminister Werner Maihofer und Generalbundesanwalt Buback über einen Mordplan der RAF. Sie wissen, dass es Tote geben wird. Maihofer hat gerade den BKA-Chef geehrt für dessen Verdienste im Kampf gegen das Böse. Buback hat applaudiert und war irgendwie mitgeehrt. Denn gemeinsam bieten sie der RAF die Stirn. Die Verleihung der Beccaria-Medaille nutzt Maihofer, um Buback ein Dossier zu zeigen, das die Polizei kurz zuvor bei der Festnahme von Siegfried Haag gefunden hat. »Was meinen Sie?«, sagt Maihofer. Er zeigt Buback die Codewörter aus dem Dossier: »Margarine« etwa. Was das wohl bedeuten mag? Vielleicht soll der Chef von Unilever erschossen werden. Siegfried Buback steht da, ganz entspannt. Er ist »Margarine«: Siegfried Buback, Initialen S.B., identisch mit dem Markennamen einer populären Margarinesorte. Sie meinen ihn! Er weiß es nur nicht.

Die anderen Codes sind leichter zu entschlüsseln: »Big Raushole« etwa – also der Plan, die Gefangenen der RAF aus dem Gefängnis in Stuttgart-Stammheim zu befreien. Und »Big Money« – also ein Anschlag auf einen Repräsentanten des verhassten Kapitals oder eine Geldbeschaffungsaktion. Dann: »H.M. auschecken.« Gemeint ist Hanns-Martin Schleyer, der Arbeitgeberpräsident.

Keine vier Wochen sind es mehr bis zum Beginn des Terrorjahres 1977. Wie Buback werden Schleyer und der

Chef der Dresdner Bank, Jürgen Ponto, sterben. Insgesamt 18 Menschen werden dem Kampf zwischen Staat und RAF allein in diesem Jahr zum Opfer fallen.

 ## Rudi Dutschke und die Stadtguerilla

Die Bilder sind schwarzweiß und stammen aus einer anderen Zeit. Ein Mann spricht ins Megafon, das Haar wirr, der Blick energisch. Auf anderen Aufnahmen hakt er sich in der ersten Reihe der Demonstranten ein und drängt vorwärts. Oder er diskutiert mit dem großen Soziologen Ralf Dahrendorf über die Welt und deren traurigen Zustand. Rudi Dutschke. Ein Mann des Wortes. »Einer der großen Nachkriegsdeutschen«, wie der linke Vorzeige-Professor Walter Jens sagt. »Ein friedliebender, zutiefst jesuanischer Mensch.«

Dutschke, der Wortführer der Studentenbewegung, ist ein Mythos und ein Märtyrer. Gestorben 1979 an den Spätfolgen des Attentats, das mehr als zehn Jahre zuvor ein von den Rechten aufgehetzter Anstreicher auf ihn verübt hat. Wer die 68er treffen will, muss auf Dutschke zielen. Und er ist ein leichtes Ziel. Denn das verklärte Bild stimmt nicht mit dem wahren Dutschke überein. Seit Jahren tobt der Streit darum, wer Dutschke wirklich war: Vorreiter der Emanzipation oder eine Art Wegbereiter der RAF? Dabei geht es nicht um den Mann, sondern um eine ganze Generation und die Bewertung ihrer historischen Leistung.

Wenn sich Veteranen der Studentenrevolte erinnern, klingt das gelegentlich, als stammten die Geschichten aus einem anderen Land: Täglich prügelten sich offenbar Abertausende mit einer brutalisierten Polizei. Wasserwerfer fluteten ganze Stadtteile. Die Jugend, voller Ideale, begehrte auf gegen die alten Nazis, die noch immer an den Schalthebeln der Macht sassen. Wir Nachgeborenen, versichern die alten Kämpen, ernten heute die Früchte: Ein weltoffenes Land, eine Frau kann Kanzlerin werden, ihrem Vorgänger schadeten auch drei Ehescheidungen nicht (zumindest nicht politisch). Und was nach 1968 kam? RAF und Terror? Eine schlimme Verirrung; aber irgendwie war der Staat selbst Schuld: Hatte er nicht die Genossen in den Untergrund geprügelt?

Im Blick auf die Vergangenheit verschwimmt Wahres, Halbwahres und blanker Unsinn. Bei den Barrikadenkämpfen waren viele, wie der Politologe Claus Leggewie meint, »nur nachträglich zugegen«. Denn es ist chic, damals dabei gewesen zu sein. Alles in allem, so lautete der Konsens einer großen Mehrheit, haben die Revolutionäre ohne Revolution das Land vorangebracht. Doch an einem Punkt funktionieren links wie rechts die alten Kampfreflexe noch: Wenn es um Gewalt, Terror und RAF geht. Das ist der empfindlichste Punkt der ergrauten Kämpfer und ein Lieblingsthema ihrer damaligen Gegner aus dem CDU-Nachwuchs, die ein wenig darunter leiden, dass sie – wie etwa Friedrich Merz – nicht mehr Jugendsünden vorzuweisen haben als wilde Mofafahrten im Sauerland.

Als der Bundestag 2001 über die frühen Jahre des damaligen Außenministers Joschka Fischer debattierte, bekannte der einstige Steinewerfer: »Ich habe Unrecht getan.« 1977 – auf dem Höhepunkt der RAF-Anschläge also – habe er dann erkannt, dass der Weg der Gewalt, »und sei es nur der limitierten Gewalt«, falsch sei und die eigenen Gesichtszüge verzerre. »Ich war damals kein Demokrat, sondern Revolutionär, aber mit dem Freiheitsanspruch, dass der...« Da brüllte der CSU-Mann Michael Glos, der sozialdemokratischer Umtriebe unverdächtig ist, dazwischen: »Freiheit gegen Willy Brandt!« Also gegen den Kanzler, der »mehr Demokratie wagen« wollte. Gegen die Versuche der ersten sozialliberalen Regierung, den Muff der Adenauer-Zeit zu vertreiben.

Genau darum geht es – um die Gewalt nach dem Ende der eigentlichen Studentenbewegung 1969 und deren Wurzeln. Dass sich Leute wie Glos an dieser Debatte weiden, macht es für die Linken und Ex-Linken so schwer, sich über die Fakten zu verständigen.

Als die Studentenbewegung sich auflöste, radikalisierte sich ein Teil von ihr. Die 1970 entstandene RAF und ihre Genossen von der »Bewegung 2. Juni« galten deshalb lange als mörderische Zerfallsprodukte der Revolte. Die Revolte selbst mit ihrem Vormann Dutschke dagegen hat in dieser Sicht nichts mit dem Terror zu tun. Für die ganz große Mehrheit derjenigen, die gegen den Vietnamkrieg, die Notstandsgesetze und das Regime des

Schah von Persien demonstriert haben, stimmt das. Bei ihren Wortführern sind die Dinge komplizierter.

Rudi Dutschke transportierte – alles andere als jesuanisch – Sprengstoffstangen durch die Straßen von Berlin. Mit einer Bombe im Gepäck reiste er nach der Schilderung seines Weggefährten Bahman Nirumand von Berlin nach Frankfurt – im Saarland sollte damit, so Nirumand, ein Sendemast des US-Soldatenfunks AFN gesprengt werden. Wirklich schmerzhaft für die 68er ist, dass Dutschke nicht erst nach den Erfahrungen mit der Gewalt gegen Demonstranten und dem erlittenen Attentat im April 1968 an »Gegengewalt« dachte. Gemeinsam mit Hans-Jürgen Krahl hielt Dutschke 1967 beim Sozialistischen Deutschen Studentenbund (SDS) in Frankfurt das berüchtigte »Organisationsreferat«. Und darin gebrauchte er einen Begriff, den sich später die RAF auf die Fahnen schrieb: »Stadtguerilla«. Dutschke und Krahl, der 1970 bei einem Autounfall ums Leben kam, forderten: »Die ›Propaganda der Schüsse‹ (Ché) in der ›Dritten Welt‹ muß durch die ›Propaganda der Tat‹ in den Metropolen vervollständigt werden.« Der »städtische Guerillero« solle die »Destruktion des Systems der repressiven Institutionen« organisieren. Das Referat war lange verschollen – aber wirklich überraschend sind die Erkenntnisse nicht. Dutschke selbst hat nie behauptet, Pazifist zu sein. In einem Fernsehbeitrag, der nach dem Attentat auf ihn im April 1968 im WDR gezeigt wurde, sagt er ganz offen: »Natürlich bin ich bereit, mit der Waffe in der Hand zu kämpfen.« Wenn die Bundesrepublik in der Nato bleibe und so den US-Imperialismus weiter unterstütze, müsse »der Imperialismus dort, wo er auftritt, und das heißt: hier in der Bundesrepublik, mit den Mitteln, die er benutzt, geschlagen werden«.

Das alles zerstört das weich gezeichnete Dutschke-Bild, das viele seiner Freunde und selbst ernannten Erben verbreitet haben. Zum RAF-Vorkämpfer machen ihn die Funde aber ebenso wenig wie der von ihm selbst bedauerte Ausruf am Grab des Terroristen Holger Meins 1974. Da hatte er gerufen: »Holger, der Kampf geht weiter!« Aber er meinte einen anderen Kampf – den gegen die Haftbedingungen. Die RAF-Taten hat er immer abgelehnt, individuellen Terror scharf verurteilt – auch weil es ihm als unnütz, gar als »konterrevolutionär« erschien, »Charaktermasken« zu attackieren, die sofort ersetzt werden.

Die RAF-Mitbegründerin Ulrike Meinhof selbst hat nie einen Zweifel daran gelassen, dass die Gruppe Wurzeln in der Studentenbewegung hatte. Ein Großteil der Ideologie, die die RAF in ihren Anfangsjahren antrieb, war in den Jahren der Demonstrationen und Straßenschlachten erdacht worden. Dutschke, der so heftig Verehrte, hat dabei eine Rolle gespielt. Mit dem sinn- und wahllosen Morden der RAF aber hatte er nichts zu tun. So taugt er für keine Seite als Kronzeuge gegen den politischen Gegner: Denn er war weder Friedensengel noch Apologet des Terrors.

DIE »OFFENSIVE '77« BEGINNT

Mit Mord und Geiselnahme versuchen die Terroristen, ihre inhaftierten Genossen freizupressen

Zu Neujahr 1977 hocken sie alle im siebten Stock des Gefängnisses in Stuttgart-Stammheim. Andreas Baader, der Anführer der RAF, seine Freundin Gudrun Ensslin, der stille Jan-Carl Raspe. Seit ein paar Monaten gehört zur Knastgruppe auch eine Frau, die ihre Haftstrafe fast abgesessen hat: Brigitte Mohnhaupt. Am 8. Februar kommt sie frei. Sie führt die »Offensive '77« an – mit genauen Instruktionen der gefangenen Chefs, die schon lange meckern, dass die »Illegalen« – so nennen sie die RAF-Terroristen in Freiheit – draußen nicht die nötige Härte zeigen, um sie rauszuholen. Mohnhaupt, die bereits in der Frühzeit der RAF zur Gruppe gehörte, soll die Genossen auf Vordermann bringen. »Hör zu, dann kannst du was lernen«, herrscht sie Stefan Wisniewski bei einem Treffen der »Illegalen« in Holland an. Der Ton ist rau, fast militärisch. Als Klaus Kinkel sie Jahrzehnte später im Gefängnis besucht, ist der damalige Staatsekretär und spätere Außenminister verblüfft darüber, dass die zierlichen Hände der nur 1,62 Meter großen Terroristin überhaupt eine Waffe halten können. Sie ist klein, zäh und knallhart.

Die Zeit im siebten Stock macht sie zur Stellvertreterin Baaders in Freiheit. Auf sie kommt es jetzt an.

Aber noch in den ersten Monaten des Jahres schaut die Republik auf den öffentlichen Kampf, der parallel zu den geheimen Vorbereitungen neuer Anschläge tobt. Geführt wird er neben dem Gefängnis in Stammheim in der festungsartig gesicherten Mehrzweckhalle, die als Gerichtssaal dient. Otto Schily, der beste der RAF-Anwälte, kippt im Januar den Vorsitzenden Richter Theodor Prinzing aus dem Prozess. Mit dem 85. Befangenheitsantrag. Es ist ein Triumph nach vielen Demütigungen. Die Anwälte gelten dem Gericht – teils mit gutem Grund, im Fall Schily nicht – als Helfershelfer der Terroristen, die kontrolliert und bespitzelt werden müssen. Beim Betreten des Gefängnistrakts müssen sie die Hose öffnen, damit Beamte kontrollieren können, ob sie etwas hineinschmuggeln wollen. Als Nächstes, ätzt Schily, stehe wahrscheinlich die rektale Untersuchung der Verteidiger an. »Diese Maßnahmen rühren wohl an die heiligsten Güter der Verteidigung«, gibt Prinzing zurück. Er ist mürbe, macht Fehler, lässt sich provozieren. Seinem Freund Albrecht Mayer, der Richter am Bundesgerichtshof ist, schickt er vertrauliche Prozessunterlagen, der gibt sie einem Journalisten; dann macht Prinzing noch den Versuch, den Pflichtverteidiger Manfred Künzel am Telefon zu bearbeiten. Das reicht für seinen Sturz. Und die Gefangenen? Sie lassen Künzel, der ihnen durch seine ehrenhafte Haltung geholfen hat, eiskalt abblitzen. »Wir lieben den Verrat, nicht den Verräter«, sagt Gudrun Ensslin zu ihm. Das ist die Stimmung, in dem das Verfahren – nunmehr geleitet vom neuen Vorsitzenden Eberhard Foth – auf das Urteil zusteuert.

Mohnhaupt macht sich nach ihrer Entlassung daran, das Büro des Anwalts Klaus Croissant zur Infozentrale der RAF auszubauen. Die Gefangenen werden durch Anwälte, die im Prozess keine Rolle spielen, mit allem Möglichen versorgt: Kochplatten und Glühbirnen gelangen in präparierten Akten in die Haftanstalt – später sogar Pistolen und Sprengstoff.

In Paris erklärt Mohnhaupt kurz nach ihrer Freilassung der Presse: Der Staat – die Bundesrepublik Deutschland – will die Gefangenen töten; Ulrike Meinhof sei bereits liquidiert worden; jetzt müssten die Anwälte die übrigen schützen. Denn sie sollten durch »Maßnahmen, die als Folter definiert worden sind, vernichtet werden«.

Die Bundesrepublik ist faschistisch, die RAF reißt ihr die Maske herunter – das ist die Argumentation der Terroristen. Und der verunsicherte Staat tut ihnen den Gefallen, ihre Sicht durch eigene Aktionen weniger absurd erscheinen zu lassen, als sie ist. Denn verteidigt wird der Rechtsstaat auch, indem seine Prinzipien verletzt werden. Klaus Traube, ein eher unscheinbarer Atommanager, wird zum Symbol für den Übereifer der Terroristenjäger. Er ist 49 Jahre alt, ein hoch qualifizierter Physiker – aber etwas anders als seine Kollegen. Bei ihm zu Hause in der Nähe von Köln verdunkeln Baumwollvorhänge an Holzringen die Fenster und die Strohsessel sind bunt behängt. Auf Matratzen unter dem Dach nächtigen Leute, die dem Haarschnitt nach nicht bei der Bundeswehr sind. Und unter denen ist einmal auch Hans-Joachim Klein, der am Anschlag auf das Opec-Treffen 1975 beteiligt ist. Er ist der Bekannte einer Freundin; Traube findet, dass »seine intellektuelle Kapazität für ein ernsthaftes Gespräch nicht ausreichte«. Egal. Der Verfassungsschutz verwanzt seine Wohnung. Traube verliert den Job als Geschäftsführer von »Interatom«. Als der Skandal im März 1977 auffliegt, steht Innenminister Werner Maihofer – eigentlich ein in der Wolle gefärbter Liberaler – am Rande des Rücktritts. Ihn retten nicht zuletzt die Hau-Drauf-Innenpolitiker aus der Union, die meinen, gegen »Nuklear-Terrorismus« sei jedes Mittel recht. Maihofer selbst sagt einen Satz, der typisch ist für das Jahr 1977: »In Notzeiten müssen wir heilige Kühe schlachten.«

Beim Anwalt und heutigen Grünen-Politiker Hans-Christian Ströbele löst das damalige Verhalten von Justiz und Polizei noch heute Kopfschütteln aus. Er hatte schon bei den Hungerstreiks in der ersten Hälfte der siebziger Jahre versucht, mit den Behörden Lösungen auszuhandeln – und musste sich von Baader vorhalten lassen, letzter Fan des Rechtsstaats zu sein, wenn die Zusagen nicht eingehalten wurden. Der Staat habe der RAF durch sein Verhalten immer wieder Recht gegeben, klagt Ströbele. 1977 sei die Stimmung bei der RAF dann »irgendwie endzeitlich gewesen«. »Jetzt oder nie – das war das vorherrschende Gefühl.« Es beherrscht nicht nur die RAF-Leute, sondern auch die Spitzen von Polizei und Justiz.

BKA-Chef Horst Herold warnt unermüdlich vor neuen Attentaten. Trotzdem fährt Herold, der Lieblingsfeind der RAF, in dem von ihm gebraucht gekauften Opel Admiral durch den Taunus. Gepanzerte Fahrzeuge sind Mangelware.

Herolds Fahnder sammeln Daten, speichern sie in schrankgroßen Computern – und oft weiß der BKA-Chef unmittelbar nach einer Tat, wer dabei war. »Fast alle Täter des Jahres 1977 waren entweder selbst Befa-Personen oder sind durch den Einsatz dieses Instruments bekannt geworden«, sagt Herold später. Befa, das ist die beobachtende Fahndung, also die Sammlung von Daten über alle, die intensiveren Kontakt zu RAF-Leuten hatten. Nur die wirklich aktiven Kader fangen kann Herold nicht. Immer verbissener versuchen die Apparate, auf deren Spur zu kommen. Bei einer Tagung im englischen Brighton im März 1977 warnt Herold: »Wir nähern uns dem kritischen Punkt.«

Herold ist klein und voller Energie, manche halten ihn für fanatisch. Ein Besessener. Er gräbt sich in Wiesbaden ein und arbeitet rund um die Uhr. Aber außerhalb des BKA gelten noch andere Prioritäten. Zu Neujahr 1977 spricht Kanzler Helmut Schmidt über Arbeitslosigkeit und Ölpreise, Aussiedler aus dem Osten und die Weltwirtschaft. Nicht über den Terror.

Im Radio singt Rod Stewart »Tonight's The Night«, den Hit dieses Winters. Alles wird gut, Baby, verspricht der blonde Brite. »Spread your wings and let me come inside.« Öffne deine Flügel und lass mich rein. Es geht um Sex und um Freiheit. Und auch darum, sich von den Vätern aus der Frontgeneration des Zweiten Weltkriegs abzugrenzen. Ein wenig lebt das Gefühl der 68er weiter; obwohl in den Nachrichten nicht mehr über Demos und Teach-ins berichtet wird und bei der letzten Bundestagswahl die CDU/CSU mit dem jugendlich-bräsigen Kandidaten Helmut Kohl die absolute Mehrheit nur ganz knapp verpasst hat.

In den linken Kneipen riecht es nach Ouzo und Hasch, aber nicht nach Revolution. Die Heroen der Studentenbewegung sind inzwischen Studienräte, verbeamtet auf Lebenszeit, pensionsberechtigt und besoldet nach A13. Noch immer stimmen sie »Bella Ciao« an, das alte Lied der italienischen Partisanen, die unter Blumen begraben sein wollen. Gern erzählen sie, wie sie einst – 1967/68 – den Bullen und dem Schweinesystem die Stirn geboten haben. Aber schon damals ist das Folklore; ein wenig so, wie wenn Opa vom Krieg erzählt. Die Unterstützerszene, die es noch ein paar Jahre zuvor gegeben hat, ist zusammengeschmolzen. Der Vietnamkrieg – wichtigster Bezugspunkt aller antiimperialistischen Bewegungen – ist seit 1975 zu Ende. Junge Leute engagieren sich gegen die Atomkraft, für die Rechte der Frauen oder für neue Formen des Zusammenlebens. Die RAF ist ganz weit vom wahren Leben entfernt. Ihre Zeit scheint abgelaufen. Selbst neue Hungerstreiks mobilisieren nicht mehr so wie in den Jahren zuvor. Der Effekt sei »gegen zero« gegangen, sagt der RAF-Veteran Peter-Jürgen Boock. »Die Leute draußen, die sich ja in wirklich größeren Massen organisiert und engagiert haben, die haben natürlich auch gemerkt, dass sie da funktionalisiert worden sind. Das kann man einmal machen, vielleicht ein zweites Mal, aber ein drittes Mal sicher nicht.« Der Hungerstreik im Frühjahr 1977 war bereits der vierte; kleinere Aktionen nicht mitgezählt.

Die aktiven Kader, die die RAF noch hat, werden von Paranoia getrieben. Volker Speitel, der für den Anwalt Croissant arbeitet und Mohnhaupt nach der Haft betreut, erinnert sich in seiner Vernehmung, dass die neue Anführerin »im fahrenden Auto auf der Bodenmatte Feuer machte« – sie will ihre Papiere verbrennen, weil sie glaubt, verfolgt zu werden. Das Ergebnis war, »dass die

Karre fast anfing zu brennen und unsere vermeintlichen Verfolger anhielten und fragten, ob sie die Feuerwehr schicken sollten«.

Die RAF-Leute wittern überall Verräter und Polizisten. Das Leben im Untergrund setzt den selbst ernannten Kämpfern zu. »Guerilla bedeutet hauptsächlich, 16 Stunden an irgendeiner Kreuzung zu stehen, zu schnattern und zu frieren, um dann ein Auto rüberfahren zu sehen«, erinnert sich der Ex-RAF-Mann Peter-Jürgen Boock.

Selbst Anwalt Schily, der stets Distanz hält zu den Mordfantasien seiner Mandanten, traut dem Staat inzwischen so ziemlich jeden Regelbruch zu. Als die Traube-Aktion ruchbar wird, beantragt er, in Stammheim Innenminister Maihofer dazu zu befragen, ob auch in der Haftanstalt abgehört wurde. Es wurde tatsächlich. Als ihm das bestätigt wird, packt Schily seine Sachen und geht aus dem Saal. Der Prozess sei »nicht mehr reparabel«, sagt er. Auch Pflichtverteidiger Künzel, jeder RAF-Sympathien unverdächtig, steigt vor Prozessende aus. »Verteidigung ist nicht mehr möglich«, klagt er.

Das Urteil folgt wenige Wochen später, am 28. April: Lebenslange Haft für Baader, Ensslin, Raspe.

Da hat die Eskalation zwischen Staat und Guerilla bereits einen neuen Höhepunkt erreicht: Mit einer Suzuki GS 750 (Werbeslogan: »Sportskanone für Scharfschützen«) nähern sich am Morgen des 7. April auf der Linkenheimer Landstraße in Karlsruhe zwei RAF-Leute dem Wagen von Generalbundesanwalt Siegfried Buback. Der Sozius zieht eine Waffe aus der Tasche und feuert etwa 15 Schüsse ab. Buback und sein Fahrer Wolfgang Göbel sterben sofort, der Justizbeamte Georg Wurster, der auf dem Rücksitz saß, kurz darauf. Die Täter verstecken ihr Motorrad und setzen die Flucht mit einem dritten Mann fort, der in einem Alfa Romeo auf sie gewartet hat. Das Trio besteht aus Christian Klar, Knut Folkerts und Günter Sonnenberg – wer bei der Tat welche Rolle übernimmt, wird nie geklärt. Als »Kommando Ulrike Meinhof« bekennen sich die drei und ihre Helfer zu der Tat. Sie hätten den Generalbundesanwalt »hingerichtet«, da er für die »Ermordung« von Holger Meins, Siegfried Hausner und Ulrike Meinhof verantwortlich sei.

Bei der Trauerfeier für Buback berichtet Justizminister Hans-Jochen Vogel, dass der tote Generalbundesanwalt ihn oft auf eine Stelle aus der RAF-Schrift »Über den bewaffneten Kampf« in Westeuropa hingewiesen habe. Darin heißt es über die »anonymen, feigen, blutleeren und einfallslosen Routiniers der administrativen Repression«: »Die Guerilla wird nach dem Grundsatz verfahren: Bestraft einen und erzieht Hunderte!« Buback habe gewusst, dass sich das gerade auf ihn bezogen habe.

Warum wurde er dann nicht besser geschützt? In der *Bild* wird in den folgenden Tagen der Eindruck erweckt, er habe gar keinen Schutz gewollt. »Die Begleiter werden doch nur mit erschossen«, zitiert ihn das Blatt. Alles Legende. Offenbar gab es erhebliche Pannen bei der Bewachung des Topjuristen. Sein Sohn Michael Buback schreibt Monate nach dem Anschlag an den Bundeskanzler, die Polizeimaßnahmen seien »der Gefährdungslage nicht angemessen, auf deren Verschärfung mein Vater nach Auffinden der Haag-Papiere noch ausdrücklich hinwies. Übrigens musste er sich bei anderer Gelegenheit sogar Ansinnen vonseiten des Landes Baden-Württemberg auf Verringerung des Schutzes für ihn und seine Behörde widersetzen.« Entschieden widerspricht der Sohn des Opfers allen Versuchen, den Toten selbst für seinen mangelnden Schutz verantwortlich zu machen: Das verstelle den Blick auf die wahren Zuständigkeiten. Tatsächlich schafft erst der Tod Bubacks das Bewusstsein dafür, dass auch die höchsten Repräsentanten des Staates unmittelbar gefährdet sind.

»Das war eine unglaubliche Eskalation«, erinnert sich der damalige Hamburger Bürgermeister Hans-Ulrich Klose. Er hat zu der Zeit einen Brief hinterlegt, in dem steht, wenn er entführt werden sollte, dürfe die Regierung sich nicht erpressen lassen. »Wir steckten in einer Psychologie der Krise.« Aus heutiger Sicht erscheint ihm die damalige Reaktion des Staates überzogen: »Wenn man sich die Dimension der Bedrohung vor Augen führt und das mit dem vergleicht, was wir später kennengelernt haben, dann war es ein bisschen viel.«

Nie war der Staat ernsthaft in Gefahr; aber die Herausforderung war dennoch gewaltig: Der oberste Ankläger wird auf offener Straße erschossen. Im Fernsehen und in den Zeitungen sind die Bilder zu sehen, wie er über Stunden, nur mit einer weißen Plane abgedeckt, in seinem Blut liegt. Panzerwagen rollen durch Bonn.

»Nihilistischer Wahnsinn« sei an die Stelle des antiimperialistischen Kampfes getreten, bekennt der Theologe Helmut Gollwitzer, der wegen seiner Bekanntschaft mit Ulrike Meinhof selbst vielen Anfeindungen ausgesetzt war. Die RAF, die nun scheinbar blindwütig und aus Rache mordet, hat sich spätestens mit dem Buback-Attentat völlig von ihrer ursprünglichen Strategie gelöst. Über die RAF-Erklärung zum Mord sagt der Linguist Andreas Musolff: »Ihre kommunikative Intention war von vornherein nur auf die ›Eingeweihten‹ gerichtet.« Um das Bewusstsein der Massen, in das sie ja ursprünglich ihre Bomben schleudern wollten, scheren sich die Täter nicht mehr. Ja, selbst ihren aktuellen Zielen – der Befreiung der Gefangenen – kommen sie mit den Schüssen von Karlsruhe nicht näher. Sie bestärken den Staat nur in seiner kompromisslosen Haltung.

Jetzt schlägt die Stunde der Scharfmacher: Die Union ruft nach neuen Gesetzen. Die CSU-Landesleitung kritisiert »das scheinheilige Engagement für die bedingungslose Gewährung sogenannter demokratischer Rechte an inhaftierte Terroristen«. CDU-Mann Alfred Dregger wettert in der *Bild*: »Gewaltverbrecher verdienen keine Gnade.« Der Verfassungsschutz müsse den »nötigen Spielraum erhalten, um mit diesem Mörderpack fertig zu werden«. Auch besonnenere Geister als Dregger sehen nun einen Wendepunkt gekommen – und gehen in der Erregung über den Mord über das hinaus, was sie bei nüchterner Betrachtung sagen würden. Im WDR schimpft der Historiker Golo Mann in den Tagen nach dem Attentat: »Der politische Mörder dieser Art hat seine Grundrechte verwirkt. Das Gesetz hat nicht so sehr den Mörder als die vom Mord Bedrohten zu schützen, das sind doch einfache, aber doch ewig wahre Wahrheiten.«

Gerade noch hat die Republik über fragwürdige Abhörpraktiken diskutiert – jetzt ist jeder, der ein rechtsstaatliches Verfahren für Terroristen fordert, selbst verdächtig. Die Chance ist vertan, offen über den richtigen Weg zur

Verteidigung von Freiheit und Demokratie zu streiten. »Der Mord führte ganz im Gegenteil zur Quasi-Legitimation illegaler Geheimdienstpraktiken«, schreibt der Politologe Wolfgang Kraushaar. Am Grab von Siegfried Buback verspricht BKA-Chef Herold: »Ich bringe sie dir alle.«

Dann erscheint in einer Göttinger Studentenzeitung ein »Nachruf« auf Buback, der das Land noch stärker aufwühlt als die Tat selbst. Von »klammheimlicher Freude« schreibt darin ein anonymer Student, der sich als »Stadtindianer« bezeichnet und »Mescalero« nennt – das ist der Apachenstamm, zu dem Karl Mays edler Wilder Winnetou zählte. Die reichlich verquaste Distanzierung des Stadtindianers von der Gewalt geht im öffentlichen Aufschrei unter. Als sich Professoren dafür einsetzen, dass der Artikel als erlaubter Debattenbeitrag verbreitet werden darf, bricht der Kulturkampf aus. Staatsanwälte ermitteln gegen die Herren Professoren. Konservative Politiker wie Dregger haben es schon immer gewusst: »Jahrelang wurde in Schulen und Hochschulen von Marxisten die Intoleranz gepredigt. Diese Saat ist aufgegangen.« Erst Jahrzehnte später, in der Debatte um die politische Vergangenheit der Grünen-Minister Joschka Fischer und Jürgen Trittin, gibt sich der anonyme »Mescalero« zu erkennen. Er heißt Klaus Hülbrock – und bedauert die ›klammheimliche Freude‹ von damals.

1977 passt die markige Haltung der deutschen Rechten paradoxerweise genau ins Kalkül ihrer Gegenspieler im Untergrund. Als gut eine Woche vor dem Buback-Attentat die RAF-Gefangenen einen neuen Hungerstreik beginnen, fordern sie »eine Behandlung, die den Mindestgarantien der Genfer Konvention von 1949 entspricht«.

Die militarisierte Sprache der Politiker ist genau das, was sie provozieren wollen. Nach dem Tod des Generalbundesanwalts und seiner Begleiter erklärt die Gruppe: »Buback hat die Auseinandersetzung mit uns als Krieg begriffen und geführt.«

Es sind 20 Untergrundkämpfer – neun Männer und elf Frauen –, die den Staat herausfordern.

Helmut Schmidt, der sehr entschlossen zu handeln versteht, erkennt die Gefahr einer Überreaktion und hält in einer Regierungserklärung am 20. April dagegen. Der Kanzler sagt: »Die Identifikation mit unserem freiheitlichen Rechtsstaat kann freilich nur gelingen, wenn wir dessen Grundsätze in der staatlichen Wirklichkeit auch tatsächlich wahren. Dazu muss gerade der jungen Generation gesagt werden, dass wir uns nicht von der Brutalität eines in Wahrheit doch verlorenen Haufens verleiten lassen wollen, uns zu jener Parole des Obrigkeitsstaates zurückzuflüchten, die da gebot, Ruhe sei die erste Bürgerpflicht.«

Wenige Tage später lädt Schmidt Politiker und Experten ins Kanzleramt. Es gibt Krabben in Dill, Rehmedaillons und Stangenspargel. Dazu werden Fragen serviert, die bislang vernachlässigt wurden: »Was kann geschehen, um nicht nur Solidarisierungen mit Terroristen entgegenzuwirken, sondern Dissolidarisierungen zu erreichen?«, heißt es in den Akten über die Themen des Treffens. Franz Josef Strauß, der CSU-Vorsitzende, fehlt in der Runde ebenso wie sein CDU-Kollege Helmut Kohl. Kohls Absage klingt noch vergleichsweise freundlich, Strauß dagegen wettert in einem Brief an Schmidt, seine Teilnahme sei »unzumutbar« – denn es werde lediglich »eine Mehrheit zur Bestätigung der Regierungsmeinung gesucht«. Die Parteien, die sich im Kampf gegen die RAF grundsätzlich einig sind, entdecken, dass das vorherrschende innenpolitische Thema natürlich auch über die eigenen Wahlchancen entscheidet.

Kaum merklich schwingt bei den Organisatoren des Abends im Kanzleramt ein Hauch von Selbstkritik mit. Denn die Mörder des Jahres 1977 kamen fast alle zur RAF, indem sie sich an den Kampagnen gegen die Haftbedingungen beteiligten. Das ist die erfolgreichste Rekrutierungsbasis, die die Gruppe je hatte. Gerhart-Rudolf Baum, damals Innenstaatssekretär und später Innenminister, ist heute überzeugt, dass die »Überreaktion« des Staates die Terroristen und vor allem ihre Sympathisanten motiviert habe – ebenso wie die Hungerstreiks und die Haftbedingungen von Ulrike Meinhof im sogenannten Toten Trakt in Köln-Ossendorf zu Beginn ihrer Gefängniszeit. Auch wenn die Vorwürfe, der Staat foltere und morde, absurd sind, gelingt es der Politik nicht, darauf eine angemessene Antwort zu finden. Nämlich eine, die verhindert, dass durch diese Kampagne junge Leute der RAF in die Arme getrieben werden.

Ein Bild von einer Kundgebung in Hamburg 1974 zeigt unter einem Transparent, auf dem »Freiheit für die Gefangenen aus der RAF« gefordert wird, ein unscheinbares, dunkelhaariges Mädchen: Susanne Albrecht, Kind aus allerbestem Bürgerhause. Der *stern* schreibt damals über sie, dass sie »die Hamburg-Blankeneser-Society ihrer Eltern als ›Kaviarfresser‹ beschimpfte, sei auch der Aufschrei einer frustrierten Idealistin, einer hungernden Seele«. Sie engagiert sich für benachteiligte Kinder – und bald auch für einsitzende Terroristen. Am Ende mit Gewalt. Jürgen Ponto, den Vorstandssprecher der Dresdner Bank, kennt sie seit Kindertagen. Er ist gut mit ihrem Vater befreundet und Pate ihrer Schwester; sie nennt ihn »Onkel Jürgen«.

Albrecht zählt nicht zum inneren Kreis der RAF, der das unauffällige Mädchen als Kämpferin nie ernst nimmt. Aber nachdem sie Volker Speitel von ihrer Bekanntschaft mit dem mächtigen Wirtschaftsboss erzählt hat, ist sie plötzlich wichtig: Sie kann die Gartenpforte zum efeubewachsenen Klinkerbau der Pontos in Oberursel bei Bad Homburg öffnen. Ponto soll entführt werden, um die Gefangenen freizupressen – er ist ein Freund und Berater Helmut Schmidts; ohne Zweifel wäre er eine wertvolle Geisel. Susanne zögert, will nicht, hat Skrupel. Aber am Ende macht sie bei dem Schmierenstück mit. Sie verabredet sich mit Ponto zum Tee. Am Tor zu seinem Grundstück erscheint sie mit zwei Begleitern. Christian Klar hat eine Krawatte umgebunden, Brigitte Mohnhaupt trägt ein gelbes Kostüm. Rosen haben die drei auch dabei. Klar zieht im Speisezimmer die Pistole – doch anders als geplant lässt sich Ponto nicht in den draußen wartenden VW-Bus abführen. Er wehrt sich, es fallen Schüsse. Der Bankier liegt tödlich getroffen auf dem Boden, als das gut gekleidete RAF-Kommando aus dem Haus stürzt und die Flucht antritt. Herold und seinen Fahndern ist noch am gleichen Tag klar, dass der Mord eine missglückte Entführung war. Ab jetzt geht es nicht mehr – wie bei Buback – um Rache, sondern darum, die Gefangenen freizupressen.

Die Texte der RAF, anfangs von Politikern und Intellektuellen noch sorgfältig auf ideologische Feinheiten untersucht, passen sich ihrer Strategie an: Sie werden schlichter. Die »Illegalen« diskutieren längst nicht mehr über langfristige Strategien. »Das war ein Tabu-Thema«, sagt Boock. »Geredet werden durfte also allerhöchstens darüber: Wie organisieren wir den nächsten Tag, wie die nächste Woche? Und wer macht da was wo wann?« Am 14. August 1977 schickt die Gruppe eine Erklärung, in der »Susanne Albrecht aus einem Kommando der RAF« mitteilt, es gehe nun um den Kampf »gegen das universum der kohle, in dem alles gefängnis ist«. Und natürlich um die Gefangenen, gegen die der Staat zum »Massaker« aushole.

Auch in Stammheim selbst wächst die Spannung. Es fliegen Kaffeetassen gegen Vollzugsbeamte, es wird geprügelt und geschrien. Am Ende werden die RAF-Häftlinge, die nicht zur Führungsriege zählen, zurück in andere Haftanstalten gebracht. Im siebten Stock sitzt nun nur noch der harte Kern der Gruppe: Andreas Baader, Gudrun Ensslin, Jan-Carl Raspe und Irmgard Möller. Sie wissen, dass ihre Stammheimer Wohngemeinschaft, in der es gelegentlich noch spätabends nach Bratkartoffeln und Speck riecht, vor der Auflösung steht. Die »Illegalen« draußen machen sich bereit für die entscheidende Auseinandersetzung.

Bald wissen die Behörden, wen es treffen soll: Daimler-Benz-Vorstand Hanns-Martin Schleyer, den Chef der Arbeitgeberverbände und des Bundesverbands der Deutschen Industrie. Innenminister Werner Maihofer hatte Schleyer schon vor dem Anschlag auf Ponto in seinem Urlaub angerufen und ihm mitgeteilt, dass er nun zu den am meisten gefährdeten Persönlichkeiten gezählt werde. Das Kürzel »H.M.«, das Ende 1976 in Papieren des gefassten RAF-Manns Siegfried Haag gefunden wurde, weist eindeutig in seine Richtung. Der Personenschutz wird verstärkt; aber eine gepanzerte Limousine benutzt Schleyer in den kommenden Monaten nicht. Auch nicht, nachdem bekannt wird, dass die RAF ihn gezielt ausspäht: Im Hamburger Weltwirtschaftsarchiv (HWWA) hatte Anfang Juli ein junger Mann, der hinterher als das RAF-Mitglied Willy-Peter Stoll identifiziert wird, nicht nur Unterlagen über Ponto eingesehen, sondern auch über Schleyer. Rasch bekommen die Medien mit, wer auf der Liste der RAF ganz oben steht: »Schleyer ist nach Erkenntnissen der Sicherheitsbehörden akut in Gefahr«, meldet die *Welt* wenige Tage nach dem Tod Pontos. Schleyer, der auf Fragen nach einer Gefährdung zuvor immer mit einem Achselzucken reagiert hatte, nimmt die Gefahr jetzt sehr ernst.

Die ohnehin spürbare Anspannung, die Erwartung der nächsten Tat steigt in diesem Sommer fast täglich. Justizminister Hans-Jochen Vogel ruft zur »Offensive gegen den Terror« auf – und fordert insbesondere eine politisch-moralische Auseinandersetzung mit den Sympathisanten. Doch damit unterschätzt der kluge und manchmal etwas oberlehrerhafte Jurist, dass die Öffentlichkeit angesichts der Bedrohung kein Interesse an derartigen Debatten hat. Die *Bild* fordert unablässig den starken Staat. In der *Frankfurter Allgemeinen Zeitung* predigt Innenpolitikchef Friedrich Karl Fromme die Ausgrenzung aller, die eine bedingungslose Solidarisierung mit dem Staat verweigern. Er schreibt, »die Sympathisanten, die nie einem Terroristen Nachtlager und Reisegeld gegeben haben, sind die wirklich gefährlichen. Sie haben zwar ›nichts getan‹, sie haben nur ihre Meinung gesagt, sie haben nur nachgedacht. Dass das Denken eine bestimmte Richtung begünstigt: was kann der Denker, was kann der Schreiber dafür? Er kann dafür.« Eine inhaltliche Auseinandersetzung mit den Motiven der Terroristen erscheint da verdächtig. Gefragt sind Polizisten, nicht Professoren.

Oppositionsführer Helmut Kohl nimmt die Stimmung auf und wendet sie gegen Schmidt, der ihm kein Jahr zuvor den Zugang zum Kanzleramt mit knapper Not versperrt hat: »Bundesregierung und Koalition stehen dem Terrorismus noch immer hilflos gegenüber«, erklärt er. Seit Jahren hätten CDU/CSU dem Bundestag Gesetzesentwürfe zugeleitet. Der Mord an Ponto habe wieder gezeigt, dass die Terroristen bei Demos und Hausbesetzungen ihren Nachwuchs rekrutierten. »Die von uns geforderte Verschärfung des Demonstrationsstrafrechts wurde von den Koalitionsfraktionen jedoch rundweg abgelehnt.« Kanzler und Vizekanzler – also Helmut Schmidt und FDP-Vormann Hans-Dietrich Genscher – hätten Forderungen der Union sogar öffentlich unterstützt, würden jedoch »von der linken Übermacht in ihren Parteien zurückgepfiffen«. Kurzum: »Man kann es nur als Trauerspiel bezeichnen, dass bessere Einsicht sich nicht gegen linke Ideologie durchsetzt.«

Im Kanzleramt arbeiten die Beamten an Gegenstrategien. Das Referat 131 fasst keine zwei Wochen nach Kohls Attacke die politische Gefechtslage zusammen: »Opposition und – dadurch emotional angeregt – eine Mehrheit der Bevölkerung fordern nach jeder Terrortat weitgehende gesetzgeberische Maßnahmen.« Dabei wisse auch die Union, »dass kein Regierungshandeln den Terror kurzfristig entscheidend schwächen kann.« Die von SPD und FDP getragene Bundesregierung könne auf die Forderungen nicht voll eingehen, da dies »ein Aufgeben spezifischer sozialdemokratischer und liberaler Positionen voraussetzt«. Untätig bleiben könne sie angesichts der Stimmungslage der Bevölkerung aber auch nicht. Deshalb würden die Forderungen immer teilweise erfüllt – was strategisch wirkungslos bleibe. Die Beamten regen daher an, selbst in die Offensive zu gehen, indem »die Opposition ihrerseits mit unerfüllbaren Forderungen konfrontiert wird.« Trickreich schlagen sie in der vertraulichen Analyse vor, mehr Zuständigkeiten für den Bund zu fordern, denn »die hauptsächlichen Gegner dieser Forderung nach größerer Bundeskompetenz sind exakt die Wortführer der Opposition.«

Hans-Jochen Vogel, damals Justizminister und heute 81 Jahre alt, erregt sich heftig, wenn man ihm vorhält, den Politikern sei es damals um Parteitaktik gegangen. Er und seine Kollegen wollten dem Wahnsinn Einhalt gebieten und den Rechtsstaat verteidigen – und gewählt werden wollten sie beim nächsten Mal auch. So funktionieren eben Demokratien. Billige Politikerschelte – gerade wegen des Verhaltens 1977 – vertreibt bei ihm jeden Anflug von Altersmilde. Das ist ihm ernst. Da verteidigt er alles, wofür er in Jahrzehnten eingestanden ist. Und ansonsten: Reinen Altruismus kann niemand verlangen, nicht einmal von Politikern. Vogel erinnert sich noch gut an den großen Ernst, mit dem damals alle zu Werke gegangen seien: Im Frühjahr 1977 kommt die erste Reihe der

Politik zur Trauerfeier für Buback, im Sommer treffen sie sich wieder, als der tote Ponto geehrt wird. Und der Herbst lässt das Schlimmste befürchten. »Alle, die das Feld kennen, wissen, dass weitere Mordanschläge folgen werden«, sagt Vogel damals.

Ihn erschreckt vor allem die Brutalität und Rücksichtslosigkeit, mit der die Terroristen die Begleiter ihrer Anschlagsziele »wie Holz fällen«. Schon ganz am Anfang der RAF hatte Ulrike Meinhof gesagt: »Natürlich darf geschossen werden.« Den Tod von Bewachern der Repräsentanten des Staates nahmen die RAF-Leute stets in Kauf. Genauso wie den von jedermann, der sie zu stellen versucht. Jedes Gruppenmitglied, das sich der Festnahme nicht mit der Waffe widersetzt, muss sich dafür üble Vorwürfe anhören. Aber lange gibt es eine Scheu, auch gänzlich Unbeteiligte zu töten. Als Ulrike Meinhof 1972 den Bombenanschlag auf das Springer-Verlagshaus in Hamburg organisiert, gefährdet sie Hunderte Menschen – darunter viele einfache Leute, die doch eigentlich vom Joch des Imperialismus befreit werden sollen. Intern muss sie sich dafür rechtfertigen. Fünf Jahre später sind solche letzten und schwachen Skrupel verschwunden.

Im August 1977, nach der gescheiterten Entführung Pontos, bastelt Peter-Jürgen Boock eine wahre Höllenmaschine: Eine Art Raketenwerfer, drei Zentner schwer, von gigantischer Zerstörungskraft. Damit will die Gruppe die Bundesanwaltschaft selbst angreifen. Also ein Gebäude, in dem Schreibkräfte und Staatsanwälte arbeiten, Pförtner und Putzfrauen. Mitgefangen, mitgehangen. Auf den Einzelnen und seine Funktion im Weltbild der RAF kommt es jetzt nicht mehr an.

In der Blumenstraße gegenüber der Bundesanwaltschaft in Karlsruhe dringt Ende August ein RAF-Kommando in die Wohnung des Ehepaars Sand ein, die alten Leute werden mit der Waffe bedroht, gefesselt und geknebelt; Boock macht sich daran, seine Höllenmaschine aufzubauen. Bevor die Terroristen abziehen, stellt er den Zeitzünder ein: In einer halben Stunde sollen die 42 Raketen gezündet werden. Nur weil dieser Zeitzünder versagt, bleibt die Katastrophe aus. Boock sagt später, er habe absichtlich dafür gesorgt, dass die Maschine nicht losgeht. Wie die Kriminaltechniker feststellen, hätten die Geschosse in den Büros der Bundesanwaltschaft eine verheerende Wirkung erzielt.

Es ist Ende August 1977. Hanns-Martin Schleyer, der mächtige Arbeitgeberpräsident, bemüht sich in diesen Tagen, die Gewerkschaften von zu hohen Lohnforderungen abzuhalten und der Regierung Steuererleichterungen für die Unternehmen schmackhaft zu machen. Mit einem »abgestimmten gemeinsamen Vorgehen von Staat, Unternehmern und Gewerkschaften ist eine Wende zum nachhaltigen Aufschwung und damit zur Wiederherstellung eines hohen Beschäftigungsstandes erreichbar«, sagt er bei der Industrie- und Handelskammer im westfälischen Minden. Schleyer ist 62 Jahre alt. Er streitet gegen die paritätische Mitbestimmung und für das Recht der Arbeitgeber auf Aussperrung. Über alle Brüche der deutschen Geschichte hinweg hat er Karriere gemacht. Erst bei der SS in Prag, dann bei Daimler-Benz, dann als Multifunktionär der deutschen Wirtschaft. Der RAF muss er als das ideale Opfer erscheinen. »Wir haben immer gesagt, die besten Aktionen sind die, die für sich sprechen«, sagt der damals aktive RAF-Kader Stefan Wisniewski 20 Jahre später. »Bei Schleyer mussten jedenfalls nach der Entführung keine langatmigen Erklärungen abgegeben werden.«

Im Morgengrauen des 5. Septembers bricht Schleyer in Stuttgart-Gablenberg auf, wo er mit seiner Familie wohnt. Er muss, wie an fast jedem Montag, nach Köln. Sein Fahrer Heinz Marcisz erwartet ihn am Köln-Bonner Flughafen. Mit seinem schweren blauen Mercedes bringt Marcisz seinen Chef in die Büros der Arbeitgeberverbände am Oberländer Ufer.

Seit Tagen kundschaften Brigitte Mohnhaupt und Adelheid Schulz den Weg von Schleyers Kölner Wohnung zu seinem Büro aus. Erst in der Nacht vor dem Eintreffen ihres Opfers in Köln haben sie gemeinsam mit ihren Genossen entschieden, am nächsten Tag zuzuschlagen.

Unmittelbar vor der letzten Besprechung in einer konspirativen Wohnung in Köln treffen sich die Kommandomitglieder noch in Wuppertal mit Abgesandten aus der Kanzlei des Anwalts Croissant. Croissant-Mitarbeiter Volker Speitel und weitere RAF-Unterstützer fahren mit dem letzten Zug zurück nach Stuttgart. Sie sollen Köln und Umgebung künftig meiden. Croissant ist da bereits nach Frankreich geflohen, auch seine Helfer fürchten, verhaftet zu werden.

Schleyer verlässt an diesem Montag um kurz nach 17 Uhr sein Büro und nimmt auf dem rechten Rücksitz seines Mercedes Platz. Marcisz fährt los. Hinter Schleyers Wagen folgen in einem zweiten Mercedes seine Beschützer, die Polizeibeamten Reinhold Brändle, Helmut Ulmer und Roland Pieler.

Keine Stunde später erreicht den BKA-Präsidenten Horst Herold bei einem privaten Besuch in Bayern die Nachricht, dass er sofort nach Bonn kommen soll. Er rast mit dem Wagen nach Wiesbaden, dann im Hubschrauber weiter rheinabwärts.

Die Fahndungsmaschine des Horst Herold

Die Idee ist ein Kreis und ganz oben steht der Computer. Dort fließen die Daten hinein, die Namen der Straftäter, ihre Taten, ihre Spuren, alle Erkenntnisse. Der Computer gibt neue Daten aus, die Ergebnisse seiner Berechnungen, seiner Abgleichungen. Die neuen Daten sind die Grundlage für den Kampf gegen das Verbrechen. Sie gehen an die Polizei, die sie für ihre Fahndung braucht. So verändert sich ständig das Bild der Kriminalität und so gibt es ständig neue Daten, die wieder in den Computer fließen, neu berechnet, neu abgeglichen, wieder ausgespuckt werden. Es ist ein ständiger Kreislauf. Ein Datenfluss, der kein Ende hat und doch das Verbrechen mindern soll.

Horst Herold hatte seine Idee auf Folie aufgemalt, er warf sein kreisrundes Modell an die Wand, wo immer er Zuhörer hatte, im Kabinett oder im Krisenstab. Es war seine Vision, wie man Terrorismus und die RAF bekämpft, er wollte gerne alle davon überzeugen. Er arbeitete deshalb mit vielen Schaubildern, der Präsident des Bundeskriminalamtes, der für die meisten bald nur noch »Kommissar Computer« war.

Die Schaubilder waren nur eine der Neuerungen, die der BKA-Chef nach seinem Amtsantritt im September 1971 eingeführt hatte. Er ließ alles zeichnen: Bewegungsbilder, Soziogramme, Verflechtungen, Transaktionen. Der Entführungsfall Schleyer wurde auf einem DIN-A3-Papier zusammengefasst, mit vielen Kästen, Pfeilen und in klein gedruckter Schrift. Herold richtete eine eigene Zeichenstelle ein und stellte einen Hauptkommissar ab, der die Grafiken konzipierte.

Die RAF war für die Modernisierung der Polizei der beste Lobbyist. Je größer der Schrecken, den sie verbreitete, desto mehr Kompetenzen, Technik und Personal bekamen die Polizisten. Die größte Innovation waren die neuen Fahndungssysteme. Sie prägen die Ermittlungsarbeit im BKA bis heute, Begriffe wie Rasterfahndung oder Inpol wurden zu RAF-Zeiten geboren.

Es war auch dringend nötig, neue Systeme zu erfinden, denn die Terroristen der RAF verhielten sich anders als übliche Verbrecher. Wenn sie eine Bank überfielen, flüchteten sie nur ein paar Hundert Meter weit und versteckten sich in einer konspirativen Wohnung. »Die routinemäßige Ringfahndung läuft dann ins Leere«, sagt Günter Textor, damaliger Leiter der Sonderkommission »Baader-Meinhof« beim Landeskriminalamt Baden-Württemberg. »Die haben die Schwachstellen der Polizei sehr gut erkannt.«

Zunächst setzte die Polizei auf bundesweite Großfahndungen. In Norddeutschland kontrollierten am 15. Juli 1971 über 3000 Polizisten die Straßen, ausgerüstet mit Maschinenpistolen, Tränengas, Walkie-Talkies und Panzerwesten. Sie waren auf der Suche nach verdächtigen BMWs, damals die Lieblingsmarke der Terroristen. Ende Mai 1972 schwebten Hubschrauber über die Republik, eine »Springfahndung«, aufsehenerregend, aber ergebnislos. »Man muss auch mal aufs Wasser schlagen, um die Fische in Bewegung zu halten«, war damals die Rechtfertigung.

Mit den Festnahmen der führenden RAF-Terroristen Baader, Meinhof, Ensslin, Raspe und Mohnhaupt im Sommer 1972 nahm die Fahndungshysterie zunächst ab. Die Methoden wurden auch wirkungslos, denn die Terroristen hatten gelernt: Sie fuhren jetzt VW statt BMW, öfter auch mit der Bundesbahn, zweite Klasse. Sie trugen langweilige Pullover und kurze Haare. Also wurden auch die Fahndungsmethoden dezenter.

Observationsteams beschatteten Terrorverdächtige, ausgestattet mit Nachtsichtgeräten und zivilen Autos. »Doch länger als eine Stunde ging das bei den Top-Leuten nie gut«, erzählt ein ehemaliger Ermittler aus Stuttgart. »Die haben geschüttelt ohne Ende.« Brigitte Mohnhaupt zum Beispiel entwischte den observierenden Polizisten sofort, als sie 1977 aus der Haft entlassen wurde und mit der Planung neuer Attentate begann.

Horst Herold setzte daher schon früh auf seine Computer. Bereits 1972 installierte er im BKA das »Informationssystem der Polizei« (Inpol), das erst 2003 durch das neue System Inpol-neu abgelöst wurde. Inpol verband die Länderpolizeien mit dem BKA. Die Fahndungsbücher, bisher handschriftliche Kladden, wurden elektronisiert. Die Idee: Alle Daten werden extern eingegeben, das BKA legt lediglich fest, welche erfasst werden. Dazu stand auch an jedem Grenzübergang ein Computerterminal, 2300 waren es am Ende. Im April 1975 wurden über Inpol bereits 160 000 Personen gesucht, 100 000 Autos, 25 000 Ausweise und 20 000 Waffen. An die Informationsplattform wurden täglich rund 70 000 Anfragen gerichtet.

Kernstück der EDV im BKA war neben dem Verbundsystem Inpol eine andere Fahndungsdatei, »Personen, Institutionen, Objekte und Sachen« (Pios), die vor allem für die Bereiche Terrorismus und Rauschgift angelegt wurde. Sie löste das Akten-Dokumentationssystem Adok ab, in dem bei Bund und Ländern im Lauf der Jahre zwölf Millionen Blätter an Akten angefallen waren. Pios war eine Fundgrube an Informationen. Im Prinzip war es angelegt wie die heutige Suchmaschine Google, für die Suchbegriffe mussten die Beamten allerdings lange, komplizierte Befehlszeilen eingeben. Gab man eine Telefonnummer ein, fand man nicht nur den Anschlussinhaber, sondern auch die Namen des Vermieters und derjenigen, bei denen die Telefonnummer gefunden worden war. Pios saugte alle Details auf, die bei den Ermittlungen angefallen waren: Wurde bei einem verdächtigen Terroristen zum Beispiel ein Adressbuch gefunden, fanden sich später sämtliche Namen daraus im BKA-Computer – selbst die vom unverdächtigen Hausarzt oder von Familienangehörigen. Diese Praxis erregte schon bald den Protest von

Datenschützern, ebenso die Tatsache, dass auch das Kölner Bundesamt für Verfassungsschutz einen Zugangscode für Pios hatte. Im Jahr 1979 waren 135 000 Personen, 5500 Institutionen, 115 000 Objekte und 74 000 Sachen in Pios gespeichert. »Pios-Terrorismus« wurde nach Herolds Ausscheiden im Jahr 1981 abgestellt. Die Datenfülle hatte das System unbrauchbar gemacht.

Ähnlich umstritten, jedoch sehr erfolgreich war die Datei »Beobachtende Fahndung« (Befa), im Terrorismusbereich mit der Zahl 7 ergänzt. Es war ein weiteres Instrument der »automatischen Verdachtsgewinnung«, wie es der Herold-Biograf Dieter Schenk nennt. In Befa-7 wurden nicht nur die Daten verdächtiger Terroristen gespeichert, sondern auch der Personen, mit denen sie Kontakt hatten. So gelangten bei einer Polizeikontrolle von Verdächtigen Ort und Zeit sowie die Namen der Reisebegleiter in den BKA-Computer. Damit konnten die Beamten Bewegungsbilder entwerfen und sie jeden Tag als farbige Grafiken ausdrucken. Horst Herold wusste aufgrund solcher Reisebewegungen zum Beispiel kurz vor der Schleyer-Entführung, »dass sich in Nordrhein-Westfalen was zusammenbraute«. Kurz nach der Entführung konnte er die Täter benennen, die meisten waren in Befa-7 gespeichert. 1978 waren in Befa-7 1100 Verdächtige und 6000 Kontaktpersonen erfasst.

Die bekannteste Fahndungsmethode, die Horst Herold erfand, war die Rasterfahndung. Der ehemalige BKA-Präsident ärgert sich heute, dass er sie nicht anders genannt hatte. »Raster klingt nach Gitter, nach Gefängnis, das hatte eine negative psychologische Wirkung.« Er

würde heute unverdächtigere Namen wie »Merkmals-
fahndung« oder »Ausschließungsfahndung« nehmen,
denn in Wahrheit sei die Rasterfahndung »von höchs-
tem rechtsstaatlichen Wert gewesen.« Man unterschied
zwischen positiver und negativer Rasterfahndung.

Die positive Rasterfahndung hatte es schon zuvor gegeben: Man trug alle Eigenschaften und Merkmale der gesuchten Person zusammen und konnte so gezielt bei der
Fahndung vorgehen. Wusste man zum Beispiel, dass
der Verdächtige im Verein Fußball spielte, klapperten
Polizeibeamte alle Clubs im Ort ab. Horst Herold über-
trug dieses Fahndungsprinzip lediglich auf die EDV.

Neu aber war die negative Rasterfahndung. Das Prinzip war einfach: Die Polizei forschte nach Kriterien, die
auf den Täter nicht zutrafen. Wusste sie, dass ein Verdächtiger in einer Stadt zum Beispiel kein Renten- oder
Bafög-Empfänger war und auch kein Auto besaß, ließ
sie die Daten des Einwohnermeldeamtes um die der Kfz-
Zulassungsstelle, des Bafög-Amtes sowie der Rentenver-
sicherer bereinigen. Alle unverdächtigen Personen wurden sogleich aus der Fahndung ausgeschlossen. Das
alles funktionierte automatisch, die Magnetbänder mit
den Daten liefen gegeneinander. Kein Beamter bekam
Einblick in die Namen der Unverdächtigen. Übrig blieben nur diejenigen, unter denen auch der Verdächtige
sein musste. Bis heute ist der Begriff »Rasterfahndung«
im Terrorismusbereich etabliert.

Das BKA sammelte immer mehr und richtete ständig
neue Dateien ein. Fingerabdrücke wurden in einer Kar-
tei gesammelt, eine »Personenidentifizierungszentrale«

(Piz) eingerichtet, in einer »Kommunekartei« waren Wohngemeinschaften beschrieben. In einem Bericht des späteren Innenministers Gerhart-Rudolf Baum aus dem Jahr 1979 wurden 37 Dateien und Karteien aufgelistet, in denen 4,7 Millionen Namen und 3100 Organisationen registriert waren. Horst Herold hatte das BKA in eine riesige Festplatte verwandelt.

VIER TOTE UND EINE GEISEL

**Die Entführung von
Arbeitgeberpräsident Schleyer versetzt den
Staat in den Ausnahmezustand**

Ein junges Paar an einer Straßenecke. Eine Zeitung klemmt unter seinem Arm, sie wippt sachte einen blauen Kinderwagen. Sie warten, viele Minuten schon, ihm kommen sie vor wie Stunden.

Eine Autoschlange schiebt sich an den Wartenden vorbei. Feierabendverkehr im Kölner Stadtteil Braunsfeld. Es ist der 5. September 1977, kurz nach fünf am Nachmittag, die Luft ist noch warm.

Das Radio meldet: Die in Stammheim einsitzenden Häftlinge der RAF dürfen für vier Stunden am Tag ihre Einzelzellen verlassen. Sie haben ihren Hungerstreik beendet. »Schmeckt wieder«, schreibt der *Spiegel*.

Die Front in den deutschen Knästen bröckelt. Von einst 40 Gefangenen verweigern nur noch wenige die Nahrungsaufnahme. Ihr Protest gegen die Haftbedingungen interessiert kaum noch jemanden. Die einst schärfste Waffe der RAF, der Hungerstreik, ist stumpf geworden. Die Parole »Friedhof oder Stammheim« zieht nicht mehr. Der neue Generalbundesanwalt Kurt Rebmann hat eine nüchterne Antwort gefunden: »Nicht mehr erpressen lassen.«

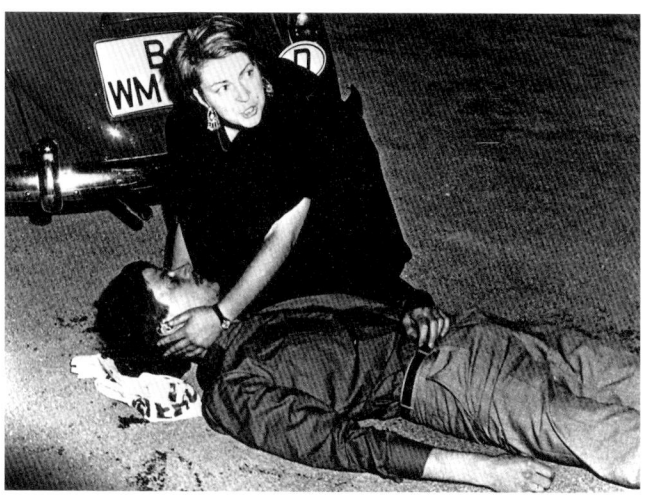

Studenten protestieren im Juni 1967 gegen den
Schahbesuch in Berlin. Die Polizei vertreibt sie mit
Wasserwerfern und Schlagstöcken

Von einer Polizeikugel getroffen stirbt der
Student Benno Ohnesorg bei den Protesten

Andreas Baader, später Anführer der RAF, posiert in Frauenkleidern

»Freiheit für Fritz Teufel!« - Baader (links) und der Kommunarde Rainer Langhans (mit Hut) feiern 1967 auf dem Kurfürstendamm übermütig Party

Gudrun Ensslin,
die Lebens- und
Kampfgefährtin
von Andreas
Baader,
in einem
Sexfilmchen
aus den
60er Jahren

Die bewegten 68er: Fritz Teufel (rechts),
Kommune 1-Begründer und Mitglied der Bewegung 2. Juni,
und Studentenführer Rudi Dutschke (links)

Baader und Ensslin legen im April 1968
in zwei Frankfurter Kaufhäusern Feuer.
Kurz darauf werden sie gefasst und vor Gericht gestellt

Der spätere Innenminister Otto Schily
vertritt als Anwalt die Terroristin Ensslin

Eine ganz normale Kindheit: Gudrun Ensslin trägt als junges
Mädchen lange Zöpfe und wächst behütet auf

Bevor sie in den
Untergrund
geht, ist die
junge Ulrike
Meinhof eine
erfolgreiche
Journalistin –
hier 1955 in
der Redaktion
der Zeitschrift
»Konkret«

MORDVERSUCH
in Berlin
10.000 DM BELOHNUNG

Am Donnerstag, dem 14. Mai 1970, gegen
11.00 Uhr wurde anläßlich der Ausführung
des Strafgefangenen ANDREAS BAADER
in Berlin-Dahlem, Miquelstr. 83,
und seiner erfolgten Befreiung der
Inhaftierungsanstalt Georg Linke durch
mehrere Pistolenschüsse lebensgefährlich
verletzt. Auch zwei Justizvollzugsbeamte
erlitten Verletzungen.

Der Beteiligung an der Tat dringend
verdächtig ist die am 7. Oktober 1934 in
Oldenburg geborene Journalistin

Ulrike Meinhof
geschiedene R o H l.

Personenbeschreibung: 35 Jahre alt,
165 cm groß, schlank, längliches Gesicht, langes mittelbraunes Haar,
braune Augen.

Die Gesuchte hat am Tattage ihren Wohn-
sitz in Berlin-Schöneberg, Kufsteiner Str. 12, verlassen und ist seitdem flüchtig.
Für Hinweise, die zur Aufklärung des Verbrechens und zur Ergreifung der an
der Tat beteiligten Personen führen, hat der Polizeipräsident in Berlin eine
Belohnung von 10.000.- DM ausgesetzt. Die Belohnung ist ausschließlich für
Personen aus der Bevölkerung bestimmt und nicht für Beamte, zu deren Be-
rufspflichten die Verfolgung strafbarer Handlungen gehört. Ihre Zuerkennung
und Verteilung erfolgt unter Ausschluß des Rechtsweges.
Mitteilungen, die auf Wunsch vertraulich behandelt werden, nehmen die
Staatsanwalt in Berlin, 1 Berlin 21, Turmstr. 91 (Telefon 350111) und
der Polizeipräsident in Berlin, 1 Berlin 42, Tempelhofer Damm 1 - 7
(Telefon 69 1091) sowie jede andere Polizeidienststelle entgegen.

Berlin im Mai 1970   Der Generalstaatsanwalt
                                      bei dem Landgericht Berlin

Nach der Befreiung Baaders aus der Haft 1970 wird Meinhof steckbrieflich gesucht. Die Belohnung beträgt 10.000 Mark

Innerhalb weniger Wochen wird im Frühjahr 1972 die erste Garde der RAF verhaftet. Unter den Festgenommenen ist auch Ulrike Meinhof

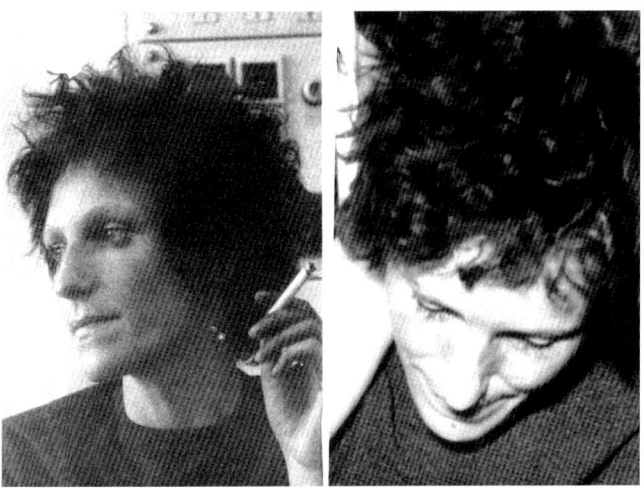

Mit ihrem Sohn Felix im Kinderwagen nimmt Gudrun Ensslin an einer Demo teil

Ensslin kurz nach ihrer Verhaftung 1972 im Hamburger Polizeipräsidium

Holger Meins.
1974 stirbt er nach
einem Hungerstreik

Jan-Carl Raspe.
Er tötet sich 1977 im
Stammheimer Gefängnis

Christian Klar.
1977 einer der
Rädelsführer – heute wartet
er auf seine Begnadigung

Brigitte Mohnhaupt
führte die »Offensive '77«.
Im März 2007 wird sie aus
der Haft entlassen

Anarchistische Gewalttäter
– Baader/Meinhof-Bande –

Wegen Beteiligung an Morden, Sprengstoffverbrechen, Banküberfällen und anderen Straftaten werden steckbrieflich gesucht:

Meinhof, Ulrike,
7. 10. 34 Oldenburg

Baader, Andreas Bernd,
6. 5. 43 München

Ensslin, Gudrun,
15. 8. 40 Bartholomae

Meins, Holger Klaus,
26. 10. 41 Hamburg

Raspe, Jan-Carl,
24. 7. 44 Seefeld

Stachowiak, Ilse,
17. 5. 54 Frankfurt/M.

Jünschke, Klaus,
6. 9. 47 Mannheim

Augustin, Ronald,
20. 11. 49 Amsterdam

Braun, Bernhard,
25. 2. 46 Berlin

Reinders, Ralf,
27. 8. 48 Berlin

Barz, Ingeborg,
2. 7. 48 Berlin

Möller, Irmgard,
13. 5. 47 Bielefeld

Mohnhaupt, Brigitte,
24. 6. 49 Rheinberg

Achternah, Axel,
15. 4. 35 Hannover

Hammerschmidt, Katharina,
14. 12. 43 Danzig

Keter, Rosemarie,
24. 8. 47 Ebersberg

Hausner, Siegfried,
24. 1. 52 Selb/Bayern

Brockmann, Heinz,
1. 3. 48 Gütersloh

Fichler, Albert,
18. 12. 44 Stuttgart

Für Hinweise, die zur Ergreifung der Gesuchten führen, sind insgesamt 100 000 DM Belohnung ausgesetzt, die nicht für Beamte bestimmt sind; zu deren Berufspflichten die Verfolgung strafbarer Handlungen gehört. Die Zuerkennung und die Verteilung erfolgen unter Ausschluß des Rechtsweges.

Mitteilungen, die auf Wunsch vertraulich behandelt werden, nehmen entgegen:

Bundeskriminalamt – Abteilung Sicherungsgruppe –
53 Bonn-Bad Godesberg, Friedrich-Ebert-Straße 1 – Telefon: 02229 / 53001
oder jede Polizeidienststelle

Vorsicht! Diese Gewalttäter machen von der Schußwaffe rücksichtslos Gebrauch!

Das Polizeiplakat von 1972 zeigt die erste Generation der RAF. Über Jahrzehnte hängen Fahndungsaufrufe wie dieser in öffentlichen Gebäuden

Flugblätter und Fahndungsaufrufe werden überall an
Passanten auf der Straße verteilt

Im Gefängnis Stuttgart-Stammheim, hier 1975,
entsteht ein Hochsicherheitstrakt für die Terroristen

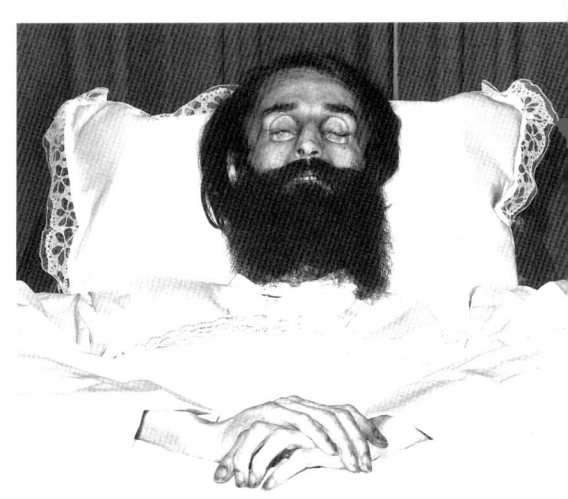

Die Zelle von Andreas Baader–unmenschliche Haftbedingungen?

Das Bild des toten Holger Meins, der im November 1974 an den Folgen eines Hungerstreiks stirbt, wird von der RAF als Anklage gegen die Haftbedingungen genutzt

Der französische Philosoph Jean-Paul Sartre besucht im Dezember 1974 den Untersuchungsgefangenen Andreas Baader; rechts Baaders Anwalt Klaus Croissant

An der Pressekonferenz nach dem Besuch nimmt neben Sartre auch der ehemalige Studentenführer und heutige Grünen-Politiker Daniel Cohn-Bendit teil

Die RAF tötet 1977 erst
Generalbundesanwalt Siegfried Buback (links),
dann Dresdner-Bank-Chef Jürgen Ponto (rechts)
und schließlich den Wochen zuvor entführten
Arbeitgeberpräsidenten Hanns-Martin Schleyer (oben)

Die Kölner Vincenz-Statz-Straße nach der Entführung von
Hanns-Martin Schleyer am 5. September 1977. Die vier
Begleiter des Arbeitgeberpräsidenten wurden von den
Terroristen erschossen

Polizeibeamte sichern Spuren nach der Entführung Schleyers.
Schon bald wissen die Behörden, wer die Entführer sind

Mit großem Aufwand versucht die Polizei, das Versteck Schleyers aufzuspüren. Polizeibeamte überprüfen Wohnungen, die sich für die Zwecke der Terroristen eignen

TRAUERMARSCH FÜR DIE OPFER DES KÖLNER MORDANSCHLAGES

Nach der Trauerfeier für die Polizisten, die bei Schleyers Entführung getötet wurden, demonstrieren 6000 Menschen gegen den Terror

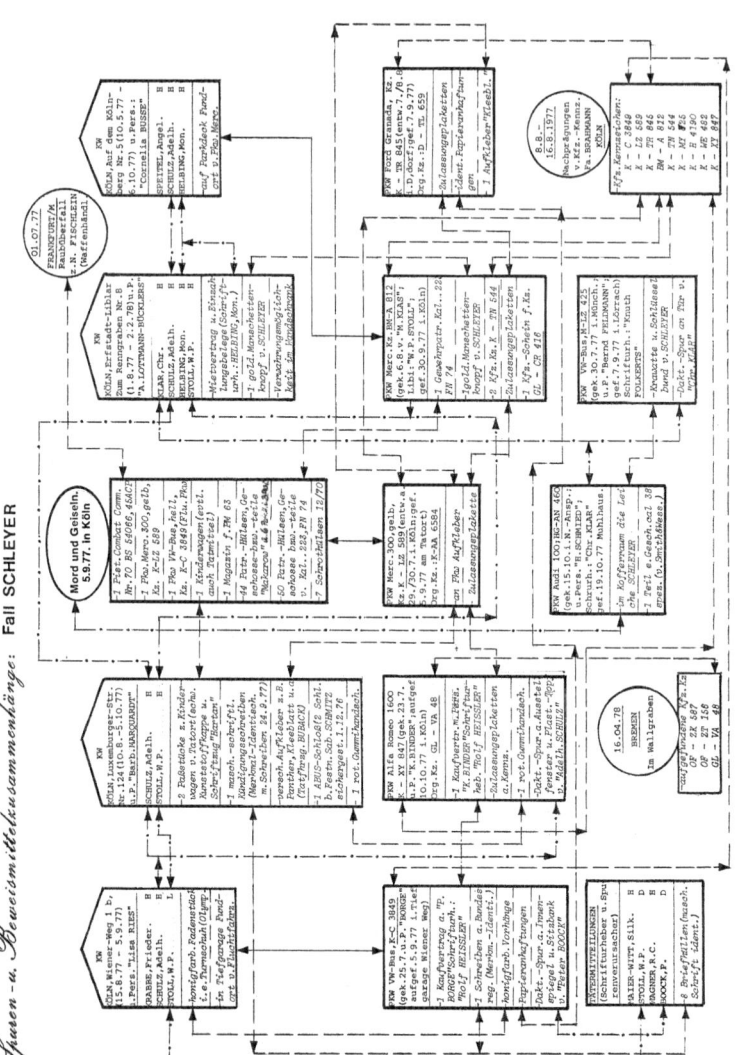

Spuren- u. Beweismittelzusammenhänge: Fall SCHLEYER

In komplexen Grafiken sortiert das Bundeskriminalamt die
»Spuren- und Beweismittelzusammenhänge« im Fall Schleyer

Versammelten sich vor ein paar Jahren noch Hunderte vor den Gefängnissen, skandierten Slogans und hielten Plakate hoch »gegen die Folterhaft«, ist der Sympathisantenchor jetzt verstummt. Ein paar verirrte Grüppchen noch, in Braunschweig und Hamburg.

Die meisten Deutschen haben anderes im Kopf, denn es ist Sommer.

Viele kommen gerade aus dem Urlaub zurück, drei Bundesländer haben noch Ferien. In der Hitparade haben sich zwei junge Spanierinnen auf Platz 1 gesungen, Baccara mit »Sorry I'm a Lady«, um Verführung und Sünde geht es da.

Das wartende Pärchen mit dem Kinderwagen denkt an einen anderen Hit, Mendocino, der Ohrwurm von Michael Holm.

»Mendocino, Mendocino, ich fahre jeden Tag nach Mendocino.«

Es ist das Codewort für die Aktion, die am Anfang jener 44 Tage steht, für die man später einen Begriff gefunden hat, der kalt und klamm klingt, nach Nebel und Depression: der »Deutsche Herbst«. Eine Zeit, in der 20 Terroristen der RAF eine Republik stillstehen lassen. In der die Menschen Angst haben, wenn sie Straßenbahn fahren, es könnte ja mal wieder eine Bombe hochgehen. In der man ernsthaft plant, alle Telefonzellen einer Großstadt zu observieren, es könnte ja mal wieder ein Terrorist darin sein. In der Politiker ihre Grundsätze vergessen und manchmal sogar den Streit mit den politischen Gegnern. In der Ausnahmegesetze beschlossen werden und die Deutschen über die Todesstrafe diskutieren. In der Deutschland plötzlich ganz anders ist.

Mendocino ist das Codewort für einen neuen Versuch in der Aktion »Big Raushole«, dem Plan der RAF, die Genossen aus dem Hochsicherheitstrakt in Stuttgart-Stammheim zu befreien. Diesmal soll es eine Entführung sein. Eine, die auch klappt.

Um 17.25 Uhr taucht der Dienstwagen von Hanns-Martin Schleyer in der Ferne auf, dahinter ein Mercedes der Polizei, seine Personenschützer. Die Terroristen Peter-Jürgen Boock und Sieglinde Hofmann schlagen die Decke ihres Kinderwagens beiseite. Neben einer Plastikpuppe liegen zwei Heckler&Koch-Sturmgewehre. Die Komplizen Willy-Peter Stoll und Stefan Wisniewski parken ihren gelben Mercedes auf dem Gehweg der Vincenz-Statz-Straße, nur wenige Meter von Schleyers Wohnung entfernt.

Schleyers Fahrer tritt in die Bremse. Ein gelber Mercedes blockiert die Straße. Ein blauer Kinderwagen. Der Wagen mit den Polizisten fährt auf, schiebt Schleyers Dienstwagen gegen den gelben Mercedes. Ein Krachen, Blech auf Blech. Dann Stille, den Bruchteil einer Sekunde nur. Dann kracht es wieder. Es sind Salven, die niedergehen.

Den 41-jährigen Fahrer von Schleyer, Heinz Marcisz, treffen sieben Kugeln, den gleichaltrigen Polizeibeamten Reinhold Brändle 60 Kugeln, seinen 20-jährigen Kollegen Roland Pieler 21 Kugeln, den 24-jährigen Polizisten Helmut Ulmer 26 Kugeln. Hanns-Martin Schleyer wird nicht getroffen, er überlebt als Einziger.

Die Frage, ob man Unbeteiligte töten darf, ist keine Frage mehr für die Terroristen. Einer, der am Vorabend Bedenken angemeldet hat, wurde aus dem Kommando ausgeschlossen. Für die anderen zählt, was auf einem knitterigen Papier stand, das sie bei Kerzenlicht auf ihren Schaumstoffmatten ausbreiteten. Der letzte Kassiber aus Stammheim, eine Order, heimlich aus dem Hochsicherheitstrakt herausgeschmuggelt. »An die, die sich RAF nennen. Wir sind es leid, von euch, wenn es um das Wichtigste, wenn es um die Aktion geht, nichts als Ausflüchte zu hören ... Wir werden nicht länger darauf warten, dass ihr endlich begreift, und unser Schicksal wieder selbst in die Hand nehmen.« Ein paar der Entführer wissen von den versteckten Waffen in Stammheim. Sie ahnen, was gemeint ist: Wenn ihr nichts unternehmt, bringen wir uns um. Die Skrupel sind vergessen.

Ein Zehnjähriger ist einer der Augenzeugen des Überfalls. »Kommt schnell, die drehen hier einen Film«, ruft er den Nachbarn zu. Um 17.33 Uhr geht bei der Polizei in Köln der erste Notruf ein. »Hier schießen mehrere Leute mit Maschinenpistolen. Mehrere Tote und Verletzte.« Zwei Minuten später ist ein Streifenwagen da. Hanns-Martin Schleyer liegt zu diesem Zeitpunkt auf dem Boden eines weißen VW-Busses, benommen von der Spritze einer leichten Narkose. Der Bus rast über Gehwege und dicht befahrene Kreuzungen.

In einer Tiefgarage wechseln die Entführer das Fahrzeug. Sie sperren Schleyer in den Kofferraum eines grauen Mercedes. Der mächtigste Wirtschaftsmann, verladen wie ein alter Seesack.

Warum Hanns-Martin Schleyer?

»Er war das ideale Bindeglied zwischen dem imperialen Gehabe des Dritten Reichs und dem, was danach kam«, sagt heute Peter-Jürgen Boock, der sich erst 1992 als einer der Schleyer-Entführer bekannt hat, nach vielen

Lügen und Legenden. »Schleyer war einer, der aus dem Nationalsozialismus ohne Kratzer und Schrammen in das deutsche Wirtschaftswunder übergegangen ist.« Das ideale Feindbild. Vertreter des Großkapitals, Symbolfigur für die Ausbeutung der kleinen Leute. Der ehemalige Corpsstudent mit Schmissen an der Wange. Und dann noch Nazi. Der in der Zeit, als Tausende Zwangsarbeiter aus Böhmen und Mähren ins Deutsche Reich verlegt wurden, SS-Offizier und Leiter des Präsidialbüros im Zentralverband der Industrie im besetzten Prag war. Nun lag er da im Kofferraum und jener Terrorist, der bei ihm war mit einer geladenen Pistole in der Hand, sagte später, er habe dies als biografische Fügung empfunden: Stefan Wisniewski, Sohn eines polnischen Zwangsarbeiters.

Die Schleyer-Entführung als ein Schlag gegen faschistische Relikte? Horst Herold, der damalige BKA-Präsident, zweifelt, dass die RAF damals wesentlich mehr über die Vergangenheit Schleyers gewusst habe als die breite Bevölkerung. »Ich halte die antifaschistische Motivation der RAF für überschätzt.« Es mag sein, dass die RAF Informationen über Schleyers Leben in Prag von östlichen Geheimdiensten bekommen hat, von der Stasi oder dem KGB, vermittelt über palästinensische Gruppen, zu denen sie gute Kontakte hatten. Ex-Terroristen wie Boock behaupten das, bewiesen ist es nicht.

Tatsächlich ist Schleyer wohl vor allem wegen seiner Prominenz ausgewählt worden. Es hatte noch andere Optionen gegeben, über die in konspirativen Wohnungen debattiert wurde: Die Entführung hochrangiger amerikanischer Generäle aus Kasernen in Heidelberg. Solcher, die Kenntnis hatten über das amerikanische Atomwaffenprogramm. Doch der Vietnamkrieg war vorbei, hätte die Öffentlichkeit die Aggression gegen die Amerikaner noch verstanden?

Warum nicht gleich den Kanzler? Helmut Schmidt, das »Schaf«, wie sie ihn in der RAF nannten. Weil sie alle das Buch von John Brunner kannten, *Schafe blicken auf*, ein apokalyptischer Roman, ein Abgesang auf die Zivilisation. Sie nutzten häufig solche assoziativen Sprachcodes, völlig willkürlich und für Außenstehende nicht zu entschlüsseln. Mit Schmidt hätten sie den wichtigsten Mann im Staat gehabt, aber mit wem hätten sie dann verhandeln sollen?

Andere Politiker vielleicht? Unter dem Decknamen »Bodo« hatte die RAF das Ministerratsgebäude der Europäischen Gemeinschaft in Brüssel und eine Außenministertagung in Luxemburg ausgespäht. Als Journalisten getarnt hatten sie sich eingeschlichen. Die Entführung eines europäischen Ministers hätte Aufsehen erregt, sicherlich. Eine Verbindung zum Nationalsozialismus wäre dann nur schwer herzustellen gewesen. Daran scheiterte der Plan allerdings nicht. Die RAF hatte schlicht zu wenig Leute.

Horst Herold trifft an diesem 5. September 1977 aus Bayern gegen Mitternacht im Bundeskanzleramt in Bonn ein. Über das Autotelefon hat er schon erste Anweisungen erteilt. Er ist sich sicher, dass die Täter den Rhein nicht überqueren werden. Er weiß selbst nicht, wie recht er damit hat. Um 17.36 Uhr wird eine Ringfahndung ausgelöst, in einem Umkreis von 15 Kilometern des Tatorts. Es beginnt die bislang größte Fahndung in der Geschichte der Bundesrepublik.

Noch am Abend finden die Polizisten in der Tiefgarage den weißen VW-Bus. Der Hausmeister hatte sich gemeldet, er hatte die Nachrichten gehört. Im Wagen liegt ein Zettel: »an die bundesregierung – sie werden dafür sorgen, dass alle öffentlichen fahndungsmassnahmen unterbleiben – oder wir erschiessen schleyer sofort ohne dass es zu verhandlungen über seine freilassung kommt. raf.«

Die zugehörige Wohnung wird durchsucht, die Polizisten finden nur noch einen Stuhl, eine Lampe, ein Funkgerät.

Um 21.15 Uhr übernehmen Beamte des BKA die Ermittlungen. Für derartige Einsätze ist man vorbereitet: Eine Zentrale Einsatzleitung wird eingerichtet und eine Sonderkommission, die »Soko 77« in Köln. Die Landeskriminalämter richten eigene Sonderkommissionen ein und werten die Hinweise und Spuren aus, die ihnen übermittelt werden. Innenminister Werner Maihofer reizt das Verfassungsgebot, wonach Polizei Ländersache ist, bis an die Grenze aus. Per Fernschreiben unterstellt er am nächsten Tag alle Polizeikräfte des Bundes einem Mann: Horst Herold.

Den Präsidenten des BKA hat die Nachricht von der Entführung überrascht. Er kann heute selbst nicht erklären warum. Er hatte sie ja vorausgesehen. Ein paar Wochen zuvor hatte Horst Herold dem Innenminister von Nordrhein-Westfalen, Burkhard Hirsch, noch gesagt, der nächste Tatort werde in seinem Bundesland sein. Die Reisebewegungen der Terroristen und ihrer Unterstützer hatten das gezeigt, alle gesammelt und berechnet im Computersystem des BKA. Generalbundesanwalt Rebmann hatte Ende August im Rechtsausschuss des Bundestags Schleyer als Hochgefährdeten benannt. Und doch fuhr der Arbeitgeberpräsident an diesem Montag einen Wagen ohne Panzerglas.

Die nächsten Tage werden für Horst Herold die wichtigsten in seinem Leben. Er läuft zur Hochform auf und erleidet doch zweimal einen Schwächeanfall. Er eilt von Sitzung zu Sitzung, Kabinett, Krisenstab, Einsatzleitung. In der Außenstelle des BKA in Bonn-Bad Godesberg läuft alles zusammen. Nachts legt er sich für ein paar Stunden auf eine Pritsche im Quartier des Bundesgrenzschutzes. Nur manchmal kommt er noch nach Wiesbaden in die Zentrale des BKA, um sich auszuschlafen und eine Erbsensuppe aus der Dose zu löffeln. Herold wohnt längst in seiner Behörde. Seinen geplanten Urlaub verschiebt er zum dritten Mal.

Es ist der Höhepunkt seiner Karriere, zugleich Anfang ihres Endes. Vor allem aber sind diese Tage ein Test: Wird Herolds Vision, wie Kriminalität zu bekämpfen sei, Erfolg haben? Die Idee, die Kriminalität dazu zu zwingen, die Informationen zu ihrer eigenen Überwindung zu liefern? Ein kybernetisches Modell, von dem er immer noch überzeugt ist: »Wir waren technisch in der Lage, die Republik von Teroristen leer zu rastern«, sagt Horst Herold, der heute 83 Jahre alt ist und in einem Fertighaus auf dem Gelände einer bayerischen Kaserne lebt, einst zu seinem Schutz gedacht.

Als er noch Polizeipräsident in Nürnberg gewesen war, hatte er die Liebe zum Computer entdeckt. Er hatte die Stadt in Blöcke aufgeteilt und von jedem Block die Zahlen der polizeilichen Einsätze in den Computer eingespeist.

Der Computer berechnete, in welchem Block wie viele Polizeibeamte präsent sein müssen. Es gab keine menschlichen Befehle mehr, die Polizei handelte nach Anweisung des Rechners. Die Methode hatte Erfolg: Die Kriminalitätsrate in der Stadt sank. Würde so ein Prinzip auch bei der RAF funktionieren? Würde sich der Fall Schleyer fast von selbst lösen? »Die RAF muss sich selbst bekämpfen«, sagt Horst Herold. »Sie muss uns die Informationen liefern und sich automatisch selbst vermindern.«

Aus diesem Konzept ergibt sich das Vorgehen: Damit möglichst viele Informationen aus der RAF ans BKA gelangen, braucht man Zeit. Zeit gewinnt man durch Hinhalten. Das wird die Strategie der Bundesregierung für die nächsten Tage.

Noch strömen die Datenflüsse nicht ohne Hindernisse. Es dauert nach der Entführung von Schleyer einige Tage, bis die Erfassung der Spuren funktioniert. Manche Bürger, die etwas gesehen haben wollen, werden sechs Mal vernommen, oft mit den gleichen Fragen. Über neue Erkenntnisse erfahren die Polizisten vor Ort nicht vom BKA, sondern aus dem Fernsehen. Vom plötzlichen Fahndungsdruck, von den Anforderungen an die Sicherheit, die im »Bollwerk Bonn« (*Spiegel*) nun notwendig werden, sind die Polizisten überfordert, vor allem ihre Verwaltung: Es fehlt an passender Kleidung und an passender Munition. Doch eines verbindet die Polizisten: Der Ehrgeiz, die Terroristen der RAF zu finden. Ein Wir-Gefühl, das sich auch in einem großen Teil der Gesellschaft breitmacht.

In den vorausgegangenen Jahren hat Herold das BKA zu einer Zentrale der Terrorismusbekämpfung umfunktioniert. Spuren an Tatorten, und scheinen sie noch so banal, werden eingespeist. So weiß man, dass die Terroristin Adelheid Schulz »Oil of Olaz« verwendet, die Faltencreme ab 40. Am Ende sind es 650 000 Gegenstände, die an den Tatorten gefunden und gespeichert werden. Drohen die Computer in der Datenflut zu kollabieren, denkt sich Herold etwas Neues aus: Beim elektronischen Erfassen von Fingerabdrücken wird kurzerhand der kleine Finger weggelassen. »Welche Häufigkeit hat der fünfte Finger am Tatort?«, fragt Herold. »Keine.« Schon ist die Speichermenge reduziert.

»Herold hatte eine grenzenlose Fantasie, die er mit der Wirklichkeit gut verknüpfen konnte«, erinnert sich Günther Scheicher, damals Leiter der Sicherungsgruppe in der BKA-Außenstelle Bad Godesberg. »Er hat jede Minute an die RAF gedacht, wahrscheinlich auch beim Rasieren.«

In ihren Brusttaschen tragen die Polizisten ein Mäppchen in grünem Umschlag. Darin sind Karteikarten, Personenbeschreibungen und Fahndungsraster aus Herolds BKA. Die Angaben unter den Fotos der Gesuchten sind viel genauer als jene auf den gelben Plakaten, die in jedem Postamt hängen. Größe, Augenfarbe und Form der Augenbrauen, aber auch Sprachkenntnisse, Mundart und »Eigenarten« sind notiert: »Gebraucht häufig die Worte: ›Au warte‹.« – »Mund klein, wulstige Lippen.« – »Nymphomanin, raucht Haschisch, gutes Organisationstalent.« – »Starke Raucherin, liebt schnelle Motorräder, sehr gute Autofahrerin, lesbisch.«

Eines der Fahndungsraster ist das für konspirative Wohnungen, die Treffpunkte der Terroristen. Die Kriterien: Die Miete und Nebenkosten werden bar bezahlt, auch die Kautionen. Meist sind es Appartements in Hochhäusern mit Tiefgarage. Fast immer ist eine Autobahnauffahrt in der Nähe.

Solch eine Wohnung liegt im dritten Stock der Wohnanlage Zum Renngraben 8 in Erftstadt, Stadtteil Liblar, rund 14 Kilometer vom Tatort in Köln entfernt. Drei Räume, 75,45 Quadratmeter groß, mit Loggia und Balkon.

Zwei Tage nach der Entführung Schleyers bekommt Polizeihauptmeister Ferdinand Schmitt von seinem Chef die Weisung, in Liblar nach verdächtigen Wohnungen zu suchen. Fünf Hochhäuser passen auf das Raster des BKA. Der Hausmeister vom Renngraben 8 kann sich an eine neue Mieterin erinnern. Erst kürzlich habe sie wegen der Wohnung angefragt. Sie habe Bündel von Geldscheinen aus ihrer Handtasche gezogen, als sie die 800 Mark Kaution bezahlte, in bar. Für Wohnung Nummer 104 stimmen die Raster. Schmitt beginnt zu schwitzen.

Er schickt ein Fernschreiben an die Kreispolizeibehörde, die leitet es in einem Sammelschreiben weiter an einen Koordinierungsstab der nordrhein-westfälischen Landespolizei, der schickt es vermutlich an die »Soko 77« in Köln. Ein paar Tage später hakt Schmitt nochmal nach. Er bekommt nie eine Antwort.

Es ist die größte Panne der Polizei im Kampf gegen die RAF, eine sehr banale zugleich. Man hätte Schleyer vielleicht lebend befreien können. »Wir wären mit der GSG 9 hin und die Sache hätte sich erledigt«, sagt Horst Herold. Er hat den Fehler seiner Kollegen nie verwunden.

Wo genau das Fernschreiben hängen geblieben war, hat man nicht herausgefunden. Lag es an dem eigenen

Ermittlungsstab, den sich der Regierungspräsident von Köln gönnte? An zu vielen Beamten und zu viel Bürokratie? Oder war es schlichte Schlamperei, bei 35 000 Spuren und mehreren tausend Hinweisen, die schnell bearbeitet werden mussten?

Während der Polizeihauptmeister aus Erftstadt noch überlegt, ob er auf eigene Faust an der Tür klingeln soll, getarnt als Zeitschriftenwerber, beginnen die RAF-Terroristen in Wohnung Nummer 104 mit ihren »Verhören«.

Die Wohnung ist verkabelt, zwei Mikrofone sind versteckt. Die Aufnahmegeräte von Revox schalten sich automatisch an und aus, sobald jemand spricht, sodass ein Band bis zu 16 Stunden reicht. Die Entführer wollen jede Äußerung ihres Opfers aufzeichnen. Eine Dokumentation soll es später geben, für wen auch immer. Sie haben sich gut vorbereitet, fünf Schnellhefter an Material haben sie über Hanns-Martin Schleyer gesammelt. Sie wollen ihn auseinandernehmen, mit scharfen Fragen und harten Argumenten über die Weltwirtschaft und seine Vergangenheit. Sie verhören ihn meist zu zweit.

Über das, was in diesen Tagen geredet wird, hat Peter-Jürgen Boock ein Buch geschrieben. Er nennt es »eine dokumentarische Fiktion«. Ob alles so stimmt, ist daher fraglich. Ohnehin pflegt Boock ein »taktisches Verhältnis zur Wahrheit«, wie es seine Ex-Frau einmal ausgedrückt hat.

Es entsteht ein Bild Schleyers, der kämpferisch argumentiert, der seine Entführer auflaufen lässt, wenn es um Management geht und die Wirtschaft, der aber auch sehr freundlich ist und Witze reißt. Es sind lange Gespräche, Tag und Nacht, vor allem mit Peter-Jürgen Boock, der ihn oft bewacht. »Mein Eindruck ist«, soll Schleyer einmal zu ihm gesagt haben, »dass Sie im Grunde bereits angefangen haben, für das Erreichen recht kurzfristiger Ziele Ihre langfristigen gesellschaftlichen Utopien aufzugeben.« Wie recht er damit hatte, gibt Peter-Jürgen Boock erst viel später zu.

Schleyer scheint souveräner zu sein als seine Entführer. Beim Verfassen der Mitteilungen an die Bundesregierungen macht er eigene Vorschläge. Er spricht viel über seine Kriegsgefangenschaft, aber auch über seine Rolle im Nationalsozialismus. »Um es klar zu sagen, ich war damals mindestens so überzeugt von der nationalsozialistischen Idee, wie Sie es offenbar noch heute von der kommunistischen sind«, soll er gesagt haben. Seine Offenheit beeindruckt die Entführer. Man duzt sich. Wenn die Terroristen unter sich sind, nennen sie ihren Gefangenen »Spindy«. Weil er aussieht wie eine Spindel. Oben und unten dünn, in der Mitte dick, so erklärt es Peter-Jürgen Boock.

Schleyer liegt und sitzt die meiste Zeit auf dem Bett. Ein Chemieklo steht im Zimmer, bald schon darf er die normale Toilette benutzen. Zu essen gibt es Alete, Babynahrung, magenschonend. Ein Entführer ist immer bei ihm, mit geladener Pistole. Ein anderer wacht draußen im Flur. Dort steht, in einer kleinen Nische, auch ein Wandschrank. Die Entführer haben ihn mit Schaumstoffplatten gepolstert und eine Kette angebracht. Die Polizei entdeckt später Spuren Schleyers und vermutet, er sei darin eingesperrt worden. Peter-Jürgen Boock sagt, er wisse nicht mehr, ob sie Schleyer jemals in den Schrank gesperrt hätten. Und wenn, dann nur wenige Male, »als die Wohnung gecleant werden musste«. Er sei jedenfalls nie gefesselt worden.

Am Tag nach der Entführung findet ein evangelischer Dekan aus Wiesbaden einen Umschlag in seinem Briefkasten. Er ruft die Polizei an. Die schickt den Brief ans Kanzleramt. Es sind die Forderungen des »Kommandos Siegfried Hausner«, benannt nach dem RAF-Terroristen, der das Attentat auf die deutsche Botschaft in Stockholm 1975 nicht überlebt hat.

Die RAF fordert, elf ihrer Mitglieder freizulassen, darunter die in Stammheim einsitzenden Häftlinge Andreas Baader, Gudrun Ensslin, Jan-Carl Raspe und Irmgard Möller. Sie sollen in ein Land ihrer Wahl ausreisen dürfen, begleitet von dem Schweizer Rechtsanwalt und Menschenrechtsaktivisten Denis Payot und dem Pfarrer Martin Niemöller, einem entschlossenen Pazifisten, der dem Kommunismus nicht abgeneigt ist. Sie sollen mitteilen, sobald die Häftlinge in Freiheit sind. Jeder Gefangene soll 100 000 Mark erhalten. Der Abflug soll am nächsten Morgen stattfinden und vom Fernsehen übertragen werden. Einige handschriftliche Zeilen Schleyers liegen bei. Und zwei Fotos. Eines zeigt Schleyer mit seiner Familie. Auf dem anderen sitzt er vor einem fünfzackigen Stern, in dessen Mitte eine Heckler&Koch-Maschinenpistole abgebildet ist, darüber die Buchstaben RAF. Das Logo der Terrorgruppe. In der Trainingsjacke sitzt er da, mit offenem Reißverschluss, vor der nackten Haut ein handgeschriebenes Plakat. »6.9.1977 – Gefangener der RAF.«

Es wird das Sinnbild für den »Deutschen Herbst«.

Das Foto wird sich als Fehler herausstellen, als Fehler im strategischen Denken der RAF. Bislang haben die

Terroristen den Umgang mit Massenmedien beherrscht. Sie wussten zu inszenieren und zu steuern. 1975, bei der Entführung des CDU-Politikers Peter Lorenz in Berlin, gelang es der »Bewegung 2. Juni«, das Fernsehen für ihr Ziel zu nutzen. Als die Häftlinge wie gefordert ausgeflogen wurden, wurde das vereinbarte Losungswort in der *Tagesschau* verlesen. Einer der Häftlinge, Horst Mahler, durfte in einer Live-Schaltung erklären, warum er sich nicht ausfliegen lassen wollte. Eine Art öffentlich-rechtlicher Terroristenfunk war das, für kurze Zeit.

Auch hinter der Inszenierung Schleyers als jämmerliches Opfer steckt eine Idee der Entführer. Sie ist als Ausdruck ihrer Macht gedacht, für die massenmediale Verbreitung produziert. Der Wirtschaftsboss und SS-Veteran soll wie ein KZ-Opfer dargestellt werden. Foto und Brief sollen in der Tagesschau um 20 Uhr gezeigt werden, das ist der Plan.

Die Bundesregierung aber hat gelernt. Sie lässt in den Nachrichten mitteilen, dass der Brief zu spät angekommen sei, eine Veröffentlichung sei nicht machbar. Hinhalten, immer wieder hinhalten.

Als das Bild dann einige Tage später in den Zeitungen veröffentlicht wird, ist die Wahrnehmung eine andere als von der RAF erhofft. »Ein Bild, bei dem man weinen möchte«, titelt die *Bild* und stellt neben das Foto der Entführer ein Portrait Schleyers aus früheren Tagen, mit weißem Hemd und Krawatte. »Zwei Fotos von demselben Mann: Die Ohnmacht vor dem Terror hat aus dem dynamischen Hanns-Martin Schleyer ein Wrack gemacht.« Mitleid mit Schleyer, Wut auf die Entführer, das ist die Wirkung.

Ein Feindbild aller Linken, das zum Opfer wird. Ein Opfer, das zum tragischen Helden wird. »Dass es heute in Stuttgart eine Hanns-Martin-Schleyer-Halle gibt, das müssen wir uns schon selbst zuschreiben«, sagt der ehemalige RAF-Terrorist Peter-Jürgen Boock.

Über die Macht der Bilder wird auch in einer Runde diskutiert, die sich das erste Mal am Dienstag, einen Tag nach der Entführung, um 23.33 Uhr im Kanzleramt in Bonn zusammenfindet. Der »Große Politische Beratungskreis« tagt, eingerichtet seit 1975. In der nächsten Zeit wird er sich einmal in der Woche treffen, manchmal zweimal. »Große Lage« wird er auch genannt, die Deutsche Presseagentur spricht vom »Großen Krisenstab«.

Die Vorsitzenden der wichtigsten Parteien sind gekommen, Willy Brandt, SPD, Helmut Kohl, CDU, Franz Josef Strauß, CSU, Hans-Dietrich Genscher, FDP, der auch Außenminister ist. Die Fraktionsvorsitzenden Herbert Wehner, SPD, und Wolfgang Mischnick, FDP, und der Chef der CSU-Landesgruppe in Bonn, Friedrich Zimmermann. Die Minister Werner Maihofer, Innen, und Hans-Jochen Vogel, Justiz. Die Repräsentanten der Länder, in deren Gefängnissen Häftlinge der RAF einsitzen: Die Ministerpräsidenten Hans Filbinger, Baden-Württemberg, Alfons Goppel, Bayern, Heinz Kühn, Nordrhein-Westfalen, und der Erste Bürgermeister Hans-Ulrich Klose, Hamburg. Wichtige Mitarbeiter des Kanzlers: Staatsminister Hans-Jürgen Wischnewski, der Leiter des Kanzleramts, Manfred Schüler, Regierungssprecher Klaus Bölling, Generalbundesanwalt Klaus Rebmann und BKA-Präsident Horst Herold. Der Kanzler will viele einbinden, wenn es nun darum geht, weitreichende Entscheidungen zu treffen.

In dieser Nacht beschließen die Politiker drei Ziele: Die Geisel soll lebend befreit werden. Die Entführer sind zu ergreifen und vor Gericht zu stellen. Die Gefangenen der RAF sind nicht freizugeben.

Bei Generalbundesanwalt Rebmann hängt schon seit längerem eine Tafel im Büro, darauf ein Spruch. »Wenn ich das Unglück haben sollte, vom Feinde gefangen genommen zu werden, so verbiete ich, dass man auch nur die geringste Rücksicht auf meine Person nehme, und dass man dem die geringste Beachtung schenkt, was ich etwa aus meiner Gefangenschaft schreibe.« Es ist der Erlass aus dem Jahr 1757 von Friedrich dem Großen. Heute hängt die Schrift beim Generalstaatsanwalt in Stuttgart, Klaus Pflieger, damals einer von Rebmanns Mitarbeitern.

Das Interessenskalkül des Staates ist nun festgelegt. Die Regierung weicht davon nicht mehr ab, selbst als Wochen später eine Maschine der Lufthansa entführt wird und es nicht mehr eine Geisel gibt, sondern 87. War der Staat bei der Entführung von Lorenz noch nachgiebig, bleibt er nun hart. »Der Staatsräson halber wurde Schleyer zum Tode verurteilt«, sagt ein Teilnehmer des »Großen Krisenstabes« später dem *Spiegel*.

Die Runde tagt bis ein Uhr. Kurz vor Schluss verabschiedet sie eine wegweisende Regelung: Die Kontaktsperre für alle RAF-Häftlinge. Sie dürfen weder untereinander kommunizieren noch mit ihren Anwälten. Besuche sind nicht mehr erlaubt. Radios und Fernsehgeräte wurden schon am Vorabend entfernt. Man vermutet, die Idee der Entführung könnte in Stammheim geboren worden sein. Man weiß, hier sitzt das Gehirn der RAF. Man will es isolieren. Es ist eine Regelung ohne Rechtsgrundlage.

Justizminister Hans-Jochen Vogel beruft sich auf den »Rechtsgedanken des rechtfertigenden Notstandes«. Die Kontaktsperre sei zur Abwehr einer »gegenwärtigen Lebensgefahr« geboten. Am nächsten Morgen wird das Kabinett darüber informiert. Kein Widerspruch. Die Regelung wird Wochen später zum Gesetz.

Auch der Umgang mit Informationen wird geregelt. Der Regierungssprecher schreibt an die Chefredakteure des Landes und bittet darum, »nichts zu tun, was die Anstrengungen der Sicherheitsorgane des Bundes in irgendeiner Weise beeinträchtigen und dazu beitragen könnte, die Gefahrenlage zu verschärfen«. Der Deutsche Presserat appelliert an die Medien, auf »detaillierte Darstellungen zu verzichten«. Später wird es eine Nachrichtensperre geben, gegen die kaum jemand protestiert. Die Intendanten von ARD und ZDF werden in den Krisenstab eingeladen. Die Große Koalition in diesen Tagen beschränkt sich nicht auf die Parteien.

Eine andere Runde trifft sich ab jetzt jeden Tag, meist zweimal, oft über mehrere Stunden, die »Kleine Lage«, der »kleine Krisenstab«. Erst im Arbeitszimmer des Kanzlers, dann im Kabinettssaal. Die wichtigsten Minister sitzen mit dem Kanzler zusammen, einige Staatssekretäre, der Generalbundesanwalt, der BKA-Präsident, manchmal ein Gast.

Sie alle haben der Wehrmacht gedient, der Kanzler, die Minister, auch Horst Herold, der Leutnant in einem Panzerregiment gewesen ist. Eine Erfahrung, die sie allesamt »sehr pazifistisch denken« ließ, sagt Herold. Im Ablauf aber herrscht militärische Ordnung: Lage der eigenen Kräfte. Justizlage. Medienlage. Außenpolitische Lage.

Kommunikation mit dem Gegner. Lage des Gegners. Diskussion. Entschlüsse und Aufträge. Unterrichtung an andere. So ist die Tagesordnung. Hans-Jochen Vogel kann sich nicht daran erinnern, dass je gelacht wurde in dieser Runde.

Dafür wird viel geraucht. Mit Zigaretten, Cola und bayerischem Schnupftabak hält sich der Kanzler wach. Helmut Schmidt wird später oft gelobt für seine klare Führung. Palaver erträgt er nicht. Er sieht die große Linie, bürokratische Fragen wischt er vom Tisch, für ihn sind sie »Quallenfett«.

Die Krisenstäbe sind die politischen Machtzentren in diesen 44 Tagen. Die wichtigen Entscheidungen werden hier getroffen, ungestört von Kabinett oder Parlament. Die Teilnehmer sind einem »Geheimhaltungspostulat« unterworfen. Eine parlamentarische Kontrolle findet so gut wie nicht statt.

Man befindet sich ja, so ist das Denken, in einer Art Kriegszustand. Von »blindwütigen Terroristen« spricht Helmut Schmidt noch am Abend der Entführung in einer Regierungserklärung. Helmut Kohl, der Oppositionsführer, sagt, die Terroristen wollten dem Volk und der Zivilisation den Krieg erklären. »Killer-Krieg« titelt der *Spiegel*, Emnid fragt nach: »Sind Sie ganz speziell bei den Morden in Zusammenhang mit Terroranschlägen für eine Wiedereinführung der Todesstrafe?« 67 Prozent antworten mit ja.

An Vorschlägen, wie mit der Lage zu verfahren ist, mangelt es nicht. »Geben Sie nach! Wir befinden uns in einem Krieg«, schreibt der Frankreich-Korrespondent der *Welt*, August Graf Kageneck, in einem persönlichen Brief an den Kanzler und fordert die Freilassung aller wegen Terrorakte verurteilten Personen. Ein anderer aus dem Adelsgeschlecht entlädt seinen Zorn: »Ich habe persönlich Ebert und Braun gekannt. Sie würden sich im Grabe umdrehen, dass die SPD die Entwicklung der Jusos und damit der Terroristen und der Journalisten an Universitäten und Schulen nicht verhindert hat.« Jetzt helfe nur noch das Standgericht.

Die Kriegstaktik der Guerilla hat die Politik erreicht. Die Terroristen registrieren es mit Genugtuung, dass sie so ernst genommen werden. Das habe ihre Größenfantasien noch verstärkt, sagt Lorenz Böllinger, Strafrechtsprofessor und Psychoanalytiker aus Bremen, der die Lebensläufe von RAF-Mitgliedern analysiert hat.

Die Hysterie greift bis in die Krisenstäbe über. Bald schon bittet der Kanzler, auch »exotische Vorschläge« zu machen. Horst Herold hat die Idee, die Gefangenen an einen Ort der Wüste Negev in Israel auszufliegen. Es solle so aussehen, als sei das der Jemen. Sobald Schleyer befreit sei, könne man die Häftlinge wieder festnehmen. Zusammen mit dem Mossad lasse sich das sicherlich inszenieren. Die Einführung der Kronzeugenregelung wird ebenso debattiert wie ein Internierungslager für Terroristen. Irgendwann meldet sich Franz Josef Strauß zu Wort. Man müsse die Terroristen unter Druck setzen. Jede Stunde solle ein Häftling erschossen werden. Wie ernst der Bayer das meint, weiß keiner. Heute erzählt jeder die Geschichte auch ein wenig anders. Am Ende bleiben die Vorschläge Theorie. Sie scheitern mal an der Technik, mal an der Verfassung, mal am Völkerrecht. Der Kanzler schließt mit der Feststellung, keines der Modelle sei »operativ abzurufen«.

Im Ausland macht man sich schon Sorgen. West-deutschland brauche jetzt Hilfe von seinen Freunden, schreibt die britische *Times*. »Etwas muss falsch gelaufen sein, wenn eine ganze Nation von einer Gruppe von Desperados in Atem gehalten werden kann.«

Die Regierung habe sich auf ein Indianerspiel einge-lassen, sagt heute Gerhart-Rudolf Baum, damals Staats-sekretär im Innenministerium. »Sie hätte sich nicht auf die Ebene der Terroristen begeben dürfen. Sie hätte küh-ler reagieren müssen und sich nicht von dieser öffent-lichen Hysterie mitreißen lassen dürfen, ich beziehe mich durchaus ein.« Der FDP-Politiker sagt, die Verletzbarkeit der sozialliberalen Koalition in Sachen der Inneren Sicher-heit habe zu Überreaktionen geführt. »Wir wollten uns von den Konservativen nicht jagen lassen.«

Die Krisen-Koalition aller Parteien wirkt nur nach außen einmütig, im Inneren bröckelt sie schon nach ei-nigen Tagen. Der baden-württembergische Ministerprä-sident Hans Filbinger schreibt im September einen har-schen Brief an den Kanzler, in dem er darauf hinweist, dass die Verantwortung für die Häftlinge in Stamm-heim nicht beim Land, sondern beim Bund liege. Der Kanzler schreibt nüchtern zurück, dass sich der Kollege irre.

Man streitet auch wieder über Fahndungsmaßnah-men. Wie viele Kontrollen, wie viel Polizei, wie viel Aufre-gung darf man den Bürgern zumuten? »Eigentlich gab es in der ganzen Zeit nie ein rechtliches Gemeinschaftsbe-wusstsein«, sagt Heinz Eyrich, damals Vorsitzender des Arbeitskreises Recht und Inneres der CDU-Fraktion im Bundestag.

Die Taktik gegenüber den Entführern bleibt davon unberührt. Die Regierung spielt auf Zeit.

Die Entführer schreiben Briefe, die bei Pastoren oder Redaktionen, bei Firmen oder Gaststätten im Briefkasten liegen. Anfangs fast täglich einen. Sie drängen auf eine schnelle Entscheidung. »Wir haben nicht mehr lange Lust, uns zu wiederholen.« Sie fordern, dass ihre Mitteilungen und Videobänder im Fernsehen gezeigt werden. »Wenn das ZDF nicht bis 22 Uhr in den laufenden Spielfilm unsere Nachricht einblendet, dann passiert was.« Es geschieht nichts.

Die Bundesregierung weicht aus. »Eine Abspielung des Video-Bandes ist wegen der verspäteten Übermittlung derzeit noch nicht möglich«, teilt sie zum Beispiel mit. Sie fordert Lebenszeichen von Schleyer, stellt Fragen, die nur er beantworten kann. »Wie lautet der Kosename von Edgar Obrecht? Wie heißt die Euler-Enkelin heute?« Sie verbreitet ihre Mitteilungen über Fernsehen und Rundfunk. Die Republik darf teilhaben an diesem Krimi.

Die Situation ändert sich erst, als am 9. September ein Vermittler eingeschaltet wird. Denis Payot, der Rechtsanwalt aus Genf und Präsident der »Schweizerischen Liga für Menschenrechte«, den die Entführer als Begleiter für den Flug der Häftlinge gefordert hatten. Ihn als Nachrichtenvermittler einzusetzen, hatten Herold und Regierungssprecher Klaus Bölling vorgeschlagen: Man brauche die Kommunikation mit den Entführern nicht mehr öffentlich über das Fernsehen zu führen, die Verhandlungen blieben geheim und man gewinne Zeit. Das ist der Bundesregierung dann auch die 475 000 Schweizer Franken Wert, die Payot am Ende für seine Dienste in Rechnung stellt, inklusive Essen für 20 Mitarbeiter täglich, inklusive drei Übersetzer, denn der Anwalt spricht nur französisch. Bald werden die Gespräche zwischen den Entführern und dem Vermittler abgehört und direkt nach Bonn übertragen. Ein Schweizer Bundesanwalt hat es möglich gemacht, auf dem kleinen Dienstweg.

Die Regierung hat es leicht, Zeit zu schinden, dank der Entführer. Als sie gefragt werden, wohin und auf welcher Route das Flugzeug die Häftlinge ausfliegen solle, antworten sie am 12. September: »Die möglichen Zielländer können der Bundesregierung nur von den Gefangenen selbst genannt werden.«

Also schickt das BKA Beamte in die Gefängnisse.

Sie legen den elf Häftlingen einen Fragebogen vor. Sie sollen Flugziele nennen. Nur einer gibt eine konkrete Antwort. Andreas Baader schreibt: »Algerien, Vietnam, Libyen, Jemen, Irak. – Wir meinen, dass die Bundesregierung die Länder, die in Frage kommen, um die Aufnahme ersuchen muss.«

Also schickt die Regierung ihren Staatsminister Hans-Jürgen Wischnewski los.

16 Tage lang ist Wischnewski unterwegs, um zu klären, ob die fünf Länder zu einer Aufnahme der Häftlinge bereit sind. Alle lehnen ab.

Die Entführer haben erkannt, dass sie in einer Sackgasse stecken. Sie melden sich oft tagelang nicht mehr. Auch das Appartement in Erftstadt wird ihnen zu unsicher. Ein Reihenhaus in Den Haag ist das neue Versteck, dann eine Hochhauswohnung in Brüssel. Schleyer wird im Kofferraum transportiert, dann in einen großen Weidenkorb gesteckt. »Umtopfen« nennen sie solche Umzüge.

Herolds Fahndungsmaschine läuft hochtourig, auch über die Grenzen hinweg. In Den Haag entkommt die Terroristin Angelika Speitel bei einer Schießerei nur knapp der Polizei, später in Utrecht entflieht Elisabeth van Dyck einem Einsatz, bei dem der Polizist Arie Kranenburg erschossen und Knut Folkerts festgenommen wird.

Das RAF-Kommando ist ratlos. Es muss etwas geschehen. Mehrere Terroristen, die an Schleyers Entführung beteiligt sind, fliegen nach Bagdad. Sie wollen der Fahndung in Deutschland entfliehen, sie sind am Ende, körperlich und auch mit den Nerven. Peter-Jürgen Boock quält eine Darmerkrankung. Er schluckt bis zu acht Ampullen eines starken Schmerzmittels am Tag. Stefan Wisniewski bleibt als operativer Führer des Kommandos in Deutschland zurück.

Im Irak treffen sie auf alte Verbündete, auf das Spezialkommando der Popular Front for the Liberation of Palestine, PFLP-SC. Der Anführer der Palästinenser, Wadi Haddad, Kampfname Abu Hani, will helfen. Er macht den Gästen aus Deutschland ein Angebot.

Zwei Wochen später, es ist ein Donnerstag, wird das Mittagessen an Bord der Lufthansa-Maschine »Landshut« auf ihrem Flug von Palma de Mallorca nach Frankfurt am Main jäh unterbrochen.

Im Innern der RAF

Aufzeichnungen von Silke Maier-Witt

1969 begann ich mein Studium in Hamburg. Es war die Zeit des Vietnamkriegs, der Studentenbewegung, die ihren Höhepunkt allerdings schon überschritten hatte. Neue Idee stürmten auf mich ein, Vorstellungen und Theorien, die ich nur halb begriff und verarbeitete. Damals wusste ich vor allem, was ich nicht wollte: so leben wie meine Eltern; nicht tatenlos zusehen, wenn wieder Unrecht geschieht, wie damals die Vernichtung von Menschen in Konzentrationslagern. Was ich wollte, musste ich sondieren und ausprobieren – neue Formen des Zusammenlebens, eine neue »Freiheit«, die Veränderung der Welt (auch durch Drogen), die Erkundung von Wegen, um Ungerechtigkeit, Elend, Krieg zu beenden.

Ich erlebte die ersten Auseinandersetzungen mit der Polizei bei Demonstrationen, machte die ersten Erfahrungen von Gewalt, teilte das Entsetzen über den Krieg in Vietnam. Ich arbeitete in mehreren Gruppen mit, erlebte aber nach kurzer Zeit immer Widersprüche zwischen dem, was da gesagt, und dem, was wirklich getan wurde. Entsprechend der ruhelosen Suche nach der richtigen politischen Arbeit wechselte ich die Gruppen, die Wohnungen, die Wohngemeinschaften. Nebenher lief mein Psychologie-Studium und das Geldverdienen bei der Telefonauskunft der Post.

Die Auseinandersetzung mit der RAF begann in der »Roten Hilfe«. Ich war zum ersten Mal Zuhörerin in einem

RAF-Prozess und entsetzt von dem, was ich hörte über den Einsatz staatlicher Gewalt. Die RAF erschien mir als eine Gruppe von Menschen, die das verwirklichen wollten, was ich auch suchte. Die Konsequenz und Kompromisslosigkeit, mit der sie sich gegen alle und alles stellten, faszinierten mich. Vielleicht auch deswegen, weil ich mit Konfrontation, mit der Durchsetzung eigener Vorstellungen meine Schwierigkeiten hatte.

Der Tod von Holger Meins nach seinem Hungerstreik 1974 war ein weiteres Beispiel für diese Kompromisslosigkeit, für die Bereitschaft, alles zu geben für den Kampf. Sein Tod hat mich sehr beeindruckt. Ich empfand sogar Schuldgefühle – ich hatte gerade einen schönen Sommerurlaub in Griechenland genossen, und die Gefangenen der RAF kämpften im Knast unter Einsatz ihres Lebens.

Ich begann im »Komitee gegen Folter« mitzuarbeiten, lernte mehr über die Situation der Gefangenen, über Isolation als Folter, lernte Worte wie Vernichtungsstrategie und psychologische Kriegsführung. Nach und nach gab ich alle anderen Aktivitäten auf und hatte kaum noch Zeit für alte Freunde. Ich zog zu Susanne Albrecht, Rosemarie Prieß und Karl-Heinz Dellwo in eine Wohnung am Steindamm. Dieses Leben entsprach zwar auch nicht den Vorstellungen von liebevollem, achtungsvollem Umgang, aber das war inzwischen nebensächlich. Was zählte, war die Sache, und ich ordnete mich unter.

Irgendwann, ich war noch nicht lange im Komitee, wurde ich gefragt, ob ich bereit wäre, mich mit »Illegalen« zu treffen. Meinen Pass hatte ich schon zur Verfügung gestellt. Nun also ein weiterer Schritt auf dem Weg in die RAF – vor dem ich Respekt und Angst hatte. Man beschrieb mir genau, wie ich zu fahren, wo ich zu warten hatte. Ich war aufgeregt, schlief fast die ganze Nacht nicht, verschlief deshalb, musste den mir vorgeschriebenen umständlichen Weg abkürzen, stand dann aber rechtzeitig am verabredeten Ort – und war mehr als erleichtert, dass es für dieses Mal nicht geklappt hatte. Ich schämte mich meiner Angst. Ich wollte mutiger sein, entschlossener.

Inzwischen war auch klar, dass es Kontakte zwischen den Komiteemitgliedern und den Gefangenen der RAF gab. Deren Kritik an der Arbeit des Komitees war stets hart, ja vernichtend, und hinterließ immer das Gefühl, nicht genug, eben nicht das Richtige zu tun. Wir alle, auch ich, ordneten uns der Autorität der Gefangenen bereitwillig unter. Ich arbeitete im Büro von Rechtsanwalt Groenewold und vervielfältigte Verteidigerpost für die Gefangenen. Irgendwann fing ich an, zwischen den Büros der Rechtsanwälte in Stuttgart und Hamburg hin und her zu pendeln. Stuttgart war wegen der Nähe zu Stammheim zentraler Ort für alle Aktivitäten. Inzwischen hatte ich mein Studium aufgegeben in der (noch unausgesprochenen) Gewissheit, diesen Beruf am Ende doch nicht auszuüben. Die Fülle von Aktivitäten, die Reisen ins Ausland für das internationale Verteidigungskomitee, Veranstaltungen und Agitation nahmen die ganze Zeit in Anspruch.

Als einige Leute aus dem Komitee eines Tages verschwunden waren, ahnte ich etwas, aber gesprochen wurde darüber nicht. Andere schienen mehr zu wissen, doch ich traute mich nicht zu fragen. Im April 1975 war es dann klar. Wir hatten kaum die Nachricht von der Stürmung der deutschen Botschaft in Stockholm und der Geiselnahme dort im Radio gehört, als auch schon in unserer Wohnung die Tür aufgetreten wurde und Polizisten mit Maschinenpistolen im Anschlag hereinstürzten. Wir wurden aufs Präsidium gebracht, erkennungsdienstlich behandelt und fortan observiert. Über die Aktion in Stockholm war ich damals entsetzt, aber gleichzeitig empfand ich ein Gefühl der Bewunderung für diese Leute, die zu solcher Entschlossenheit fähig waren, während ich selbst mit meinen Ängsten kämpfte und nur Hilfsdienste leisten konnte. Ich erledigte Aufgaben für die »Illegalen«, ohne selbst mit ihnen in Kontakt zu sein. Das hieß, Ausweise klauen und Grenzübertritte erkunden. Auch das EG-Ministerratsgebäude in Brüssel kundschaftete ich aus.

Eigentlich war es uns allen im Komitee irgendwie klar, dass wir nun als Nächste dran wären, die Gefangenen zu befreien. Wer sollte es sonst tun? Für mich konnte ich mir das allerdings nicht vorstellen. Mir fehlte diese Entschlossenheit, die Gewissheit, der Mut und der Hass; aber ich hätte gerne gewusst, wie auch ich zur »Revolutionärin« werden könnte. Es gibt nur zwei Seiten, sagten die Gefangenen, Mensch oder Schwein; und solange ich mich nicht zur Aktion durchringen konnte, stand ich auf der Seite der Schweine. Keiner von uns wäre damals auf die Idee gekommen, die Gefangenen zu kritisieren oder Zweifel zu äußern.

1976 kam es dann zum ersten Treffen mit den »Illegalen« in Paris. Es war eher undramatisch und enttäuschend. Keiner hatte Zeit, sich mit mir auseinanderzusetzen. Die Zeit reichte gerade für ein kurzes Essen und den Auftrag, am nächsten Tag in Hagen einen neuen Treff zu verabreden. Dann schlug ich den Rest der Nacht tot, bis endlich mein Zug abfuhr.

In dieser Zeit war ich fast nur noch allein unterwegs. Ständig auf Reisen, kaum noch zu Hause, nur gelegentlich mit anderen zusammen, die von meinem zweiten Leben nichts wissen durften. Zwischendurch machte ich immer weiter meinen Dienst bei der Post. Einmal, ich weiß nicht mehr genau wann, musste ich ganz kurzfristig in die Schweiz. Ich glaube, ich wurde bei der Post angerufen. Es lief wie immer: Hastig den Dienst in der Auskunft tauschen, von irgendwoher das nötige Reisegeld beschaffen, Fahrpläne wälzen, frühmorgens losfahren, umständliche Absetzbewegungen, um eventuelle Fahnder abzuschütteln. Schließlich Ankunft in der ausgemachten Kneipe in Genf und warten. Es kamen Rolf Heißler und Knut Folkerts. Sie saßen fest. Ich sollte einen Grenzübergang nach Frankreich ausfindig machen. Ich machte mich sofort auf den Weg. Abends trafen wir uns wieder und sie fragten mich, ob ich nicht gleich mit ihnen mitgehen wollte. Da war sie, die Frage, die einmal kommen musste. Ich hatte Einwände, aber keine Argumente. Auch meine Angst war keins, denn die hatten die beiden, wie sie offen zugaben, auch. Aber an diesem Tag fiel keine Entscheidung.

Am 7. April 1977 bin ich dann endgültig zur RAF gestoßen, dem Tag, als Generalbundesanwalt Buback erschossen wurde. Seine Ermordung – er wurde für den Tod von Holger Meins und Ulrike Meinhof verantwortlich gemacht – berührte mich nicht. Er entsprach meinem damaligen Denken. Wir waren zu dieser Zeit in Amsterdam. Am Anfang meiner RAF-Laufbahn stand die Übergabe der Waffe. Heute sehe ich darin so etwas wie ein Ritual, das ausdrückte, was zum Wichtigsten in der Gruppe wurde: die Bereitschaft, das eigene Leben einzusetzen und andere zu töten. Ich hatte noch nie eine Waffe von Nahem gesehen, noch nie eine in der Hand gehabt. Peter-Jürgen Boock fragte mich, welche Waffe ich will. Ich hatte keine Ahnung, am liebsten keine. Er hielt eine Pistole für geeignet, erklärte mir auch, warum, und ließ sich breit über die verschiedenen Waffen und Munitionsarten aus. Gehorsam übte ich das Auseinandernehmen, machte Ziel- und Ziehübungen.

Ich war jetzt bei den Leuten, die »die Gefangenen befreien wollten«. Mehr ist über das Selbstverständnis nicht gesprochen worden. Ich wäre nie in der Lage gewesen zu sagen, was die RAF will. Ich habe nur irgendwie tief in mir gespürt, dass sie recht hat: Wer wirklich etwas tun will, darf nicht nur demonstrieren, er muss sich und sein Leben einbringen. Heute erst fällt es mir auf, wie sprachlos wir waren. Unser Ziel war ja Aktion, nicht Theorie. Handeln! Und ich glaubte, dass ich genau das brauchte – den Sprung in die Aktivität, um Hemmungen zu überwinden, meine persönliche Befreiung voranzutreiben.

Kurz nach meiner Ankunft fuhren wir, ein ganzes Auto

voll, zu einer Schießübung. Die Niederlande haben keinen großen Waldbestand, das Waldstück, in dem die Übung stattfand, war dünn und bot wenig Schutz. Zuerst schossen die anderen. Die Knallerei war ohrenbetäubend. Brigitte Mohnhaupt, die in der Gruppe das Sagen hatte, stellte sich sehr ungeschickt an. Die Fertigkeiten im Schießen spielten bei der Bewertung des Einzelnen offensichtlich keine große Rolle. Auch ich gab einen oder zwei Schüsse ab, dann wurde die ganze Übung jäh unterbrochen. Ein Polizeiauto kam, anscheinend von dem Lärm angelockt, ein Polizist stieg aus und inspizierte das von uns abgestellte Auto. Wir versteckten uns, und das Ganze erinnerte trotz des Ernstes der Lage an ein Räuber-und-Gendarm-Spiel.

Nach der Ermordung des Bankiers Ponto kam auch ich in die Fahndung. Zum ersten Mal sah ich abends mein Foto im Fernsehen, meine »besonderen Kennzeichen«, einen Teil meiner persönlichen Geschichte. Berührt hat mich das nicht besonders. Jetzt war es sozusagen offiziell: Ich gehörte zur RAF. Mit der gesuchten Terroristin hatte ich aber nach meinem Empfinden noch immer wenig zu tun. Ich war noch immer die gleiche zurückhaltende Frau, die, ohne sich irgendwie exponiert zu haben, auf seltsame Weise hierher geraten war. Aber wenn der Schritt in die Illegalität einmal getan war, wenn die Fahndung lief, gab es kein Zurück mehr. Die Alternativen hießen Tod oder Knast auf Lebenszeit.

Mein erster Einsatz war ein Waffentransport. Angelika Speitel und ich mussten Waffen aus einem Depot in Frankreich holen und zu Fuß über die grüne Grenze

nach Belgien bringen. Wir fuhren zuerst mit einem gelie-
henen Auto, übernachteten in einem Bahnhofshotel und
machten uns dann auf den Weg, schwer bepackt mit
Beuteln, aus denen die langen Waffen herausragten.
In Belgien sollte ein Auto warten, um uns aufzunehmen.
Unser Problem war, dass wir den Grenzverlauf nur aus
der Beschreibung von Sympathisanten kannten, also nie
selbst dort gewesen waren. Es war ein ziemliches Durch-
einander, in dem ich aber einen relativ klaren Kopf be-
hielt. Damit empfahl ich mich für weitere Aktionen. Im
August 1977 kehrte ich über die deutsche Grenze in
die Bundesrepublik zurück, zum ersten Mal als gesuch-
tes Mitglied der RAF. Irgendwie war es auch ein erhe-
bendes Gefühl.

Die Festlegung der Aktionen, die Entscheidung, welche
Aktion politisch genug Gewicht hatte, um mit ihr die Befreiung der Gefangenen zu erreichen, wurde wesentlich
von den Gefangenen in Stammheim selbst getroffen. Ich
denke, dass das auch bei der Schleyer-Entführung so
war. Wann genau diese Entscheidung fiel und wer an
ihr beteiligt war, weiß ich nicht.

Bei meiner Ankunft war die Wohnung im Kölner Uni-
Viertel, wo die Aktion vorbereitet wurde, voller Men-
schen. Peter-Jürgen Boock, Brigitte Mohnhaupt, Stefan
Wisniewski, Sieglinde Hofmann, Willy-Peter Stoll, An-
gelika Speitel, Christian Klar, Adelheid Schulz, Rolf
Heißler. Rolf – Tarnname Felix – und ich waren inzwi-
schen eine »Verbindung« eingegangen, die von Brigitte
Mohnhaupt und Sieglinde Hofmann »gebilligt« wurde.
Ich spürte, dass sie mich aufwertete. In der Wohnung

herrschte ständiges Kommen und Gehen. Die Wohnung war klein, nicht möbliert, es gab nur ein Matratzenlager, daneben lagen Waffen und Werkzeuge. Wenn ein Pärchen das Bedürfnis hatte, miteinander zu schlafen, guckten die anderen so lange weg. In der Küche lagen Lebensmittel und Haarfärbeutensilien herum, gekocht wurde nicht, man ernährte sich von Brötchen und irgendwas Schnellem in den Mund. Der Weckdienst war meine Aufgabe, ich brauchte nicht viel Schlaf und wachte früh auf. Irgendeiner holte Brötchen fürs Frühstück, immer mit gespannter und gesicherter Waffe in der Tasche, dann wurden die Aufgaben des Tages verteilt. Auswertung von Zeitungen, Ausspähen der Zufahrtsstrecken zur Wohnung Schleyers, Fälschen von Pässen und Pass-Stempeln, Anlegen von Depots, Besorgung der Teile, die für den Bau des Raketenwerfers gebraucht wurden, der die Bundesanwaltschaft in Karlsruhe treffen sollte, aber versagte. Das war alles sehr umständlich, aufwändig und zeitraubend. Abends saß man dann rum, diskutierte und wälzte Probleme.

Mit dem Tod der Gefangenen in Stammheim hatte die Gruppe ihre Führung, das einigende Ziel und die Motivation ihrer Mitglieder verloren. Sie machten weiter, weil sie dazu verdammt waren und nichts anderes machen konnten, aber nun gab es nicht einmal mehr die Scheinlegitimation einer Gefangenenbefreiung. Der größte Teil der Gruppe war in Paris, um den kranken Peter-Jürgen Boock geschart – nur noch ein Drogenbeschaffungsverein. Stefan Wisniewski, Willy-Peter Stoll, Angelika Speitel und ich lebten in einer konspirativen Wohnung in

Düsseldorf und versuchten, neue Aktionsziele zu finden. Die eine Aktion sollte eine Geldbeschaffung sein; Tag für Tag gingen wir in ein bestimmtes Kaufhaus, um zu beobachten, wie der Abtransport des Geldes vor sich ging und welche Sicherungen es gab. Und in Bonn spähten wir das Haus und die Lebensgewohnheiten von Hans-Dietrich Genscher aus, dem damaligen Außenminister. Um nicht aufzufallen, mussten wir dort schon früh am Morgen als Jogger unterwegs sein; das hieß für uns, um vier Uhr in Düsseldorf aufstehen und dann unter Beachtung aller Vorsichtsmaßnahmen nach Bonn fahren. Eine andere Tarnung war das Gassigehen in Bonn mit einem Hund, einem Mischlingsdackel, den wir uns im Tierheim besorgt und Rudi Ratlos getauft hatten. Aber aus all diesen Aktionen wurde glücklicherweise nichts mehr. Die RAF war gescheitert. Sie musste scheitern. In einer Gruppe, deren Ziel das Töten von Menschen ist, kann keine menschliche Perspektive entwickelt werden.

EINMAL MOGADISCHU UND ZURÜCK

Arabische Freunde der RAF kapern einen Urlauberjet – die GSG 9 befreit die Geiseln in Somalia

Ihre brasilianischen Pässe zerreißen sie noch auf der Bordtoilette, denn sie sind gefälscht. Nachdem sie auf dem Flughafen von Oslo gelandet sind, nennen sie ihre echten Namen und stellen einen Antrag auf Asyl. Es ist der 17. Juli 1991. Das Land gewährt ihnen Asyl, aus humanitären Gründen. Auch eine Wohnung bekommen sie und Arbeit. Von nun an führen sie in Norwegen ein ruhiges Leben, die Frau, der Mann und ihre sechsjährige Tochter. Drei Jahre lang, bis zu jenem Montag, als die Frau davon erzählen soll, warum sie eine Terroristin gewesen ist.

Die Polizisten holen Souhaila Sami Andrawes am 13. Oktober 1994 ab. Die Bundesanwaltschaft aus Deutschland hat um Amtshilfe gebeten. Sie ermittelt gegen die Frau wegen gemeinschaftlichen Menschenraubes, Geiselnahme und Angriff auf den Luftverkehr. Sie hat sich viel Zeit gelassen, die deutsche Behörde.

Es war auf den Tag genau vor 17 Jahren gewesen, als Souhaila Andrawes im Mittelgang einer Lufthansamaschine stand, zwei Handgranaten nach oben reckte und brüllte: »Don't move! Don't move!«

Der Name des Flugzeugs ist berühmt geworden wie kaum ein anderer. Die »Landshut« steht für die spektakulärste Aktion im »Deutschen Herbst«, für ein Duell zwischen RAF und Regierung, das fünf lange Tage dauert. Es beginnt zunächst mit einem Triumph der Terroristen.

Donnerstag, 13. Oktober 1977, kurz nach 13 Uhr, die »Landshut« überfliegt Marseille.

Gut gebräunte Urlauber sind an Bord der Boeing 737, Flug LH 181, von Palma de Mallorca nach Frankfurt am Main. Auch acht Frauen, die blasse Gesichter haben. Sie haben ihre Misswahl gefeiert und zu viel getrunken und zu wenig geschlafen.

Als die drei Stewardessen beginnen, die Tabletts vom Mittagsimbiss abzuräumen, springen vier Passagiere auf, ganz vorne in der Ersten Klasse und ganz hinten in der Economy. Die einen haben Pistolen in ihren Händen, die anderen Handgranaten. Zwei stürmen ins Cockpit. Der Co-Pilot, der das Flugzeug steuert, wird aus seinem Sitz gerissen, mit Tritten und Faustschlägen zu den Passagieren getrieben. Der Kapitän blickt in den Lauf einer Pistole. Er wechselt den Kurs. Nach Osten soll es gehen.

Die Passagiere werden nach hinten getrieben, die Erste Klasse wird leer geräumt. Dort stapeln die Entführer das Handgepäck, hier werden sie abwechselnd schlafen in den nächsten Tagen.

Aus den Lautsprechern brodelt eine Stimme, in englischer Sprache, krächzend und kaum zu verstehen, denn die Anlage ist übersteuert. »Ich bin Captain Martyr Mahmud. Das Flugzeug ist entführt! Es befindet sich in unserer Gewalt! Wir, die Entführer, sind Freiheitskämpfer –

keine Terroristen! Befolgen Sie unsere Befehle! Wer sich widersetzt, wird sofort exekutiert!«

Die Passagiere müssen die Rollos schließen und die Hände über dem Kopf verschränken. Sie dürfen ihre Plätze nicht verlassen, die nächsten 17 Stunden nicht. Zwischen den Sitzreihen riecht es bald nach Urin.

»Captain Martyr Mahmud« hat sich die Mütze von Kapitän Jürgen Schumann aufgesetzt. Er befestigt Sprengstoff an der Trennwand zwischen Erster Klasse und Economy. Sieben Kinder sind an Bord, sie müssen in den vorderen Reihen Platz nehmen. Gingen die Bomben hoch, würden sie als Erste sterben. Die Passagiere sagen später, die Entführer seien unberechenbar gewesen.

In Bonn geht in diesen Minuten die Sitzung des »kleinen Krisenstabes« zu Ende. Das Thema ist wie immer: Die Entführung von Hanns-Martin Schleyer. 38 Tage wird der Arbeitgeberpräsident nun schon von der RAF gefangen gehalten, die Polizei kennt die Entführer, jedoch nicht ihr Versteck. Wenn die Regierung nicht bald nachgibt, wird Schleyer ermordet, ist man sich in der Runde sicher. Die Regierung darf nicht nachgeben, auch darüber ist man sich einig. Um 13.10 Uhr beendet der Kanzler die Sitzung.

Eineinhalb Stunden später ruft Innenminister Werner Maihofer den Kanzler an. Die Flugsicherung im südfranzösischen Aix-en-Provence hat die Routenabweichung einer Lufthansamaschine festgestellt. Helmut Schmidt bestellt den »kleinen Krisenstab« für abends wieder ein.

Donnerstag, 13. Oktober, 15.45 Uhr, die »Landshut« landet auf dem Flugplatz Fiumicino in Rom.

Sechs selbst gebastelte Handgranaten aus Glas in Form von Tannenzapfen, ein halbes Kilo Plastikssprengstoff, eine sowjetische Pistole Marke Makarow, eine nach-gebaute Pistole sowjetischen Typs Tokarew, das sind die Waffen der Entführer. Sie lagerten in einem blauen Kos-metikkoffer von Samsonite mit doppeltem Boden und in einem umgebauten Kofferradio. Unbemerkt von den spa-nischen Kontrolleuren gelangten sie in das Flugzeug. Das Handgepäck war nur kurz geöffnet und begutachtet wor-den, die Passagiere waren sachte abgetastet worden. Die Bundesregierung schreibt später in einem Vermerk: »Die mangelhaften Kontrollen auf dem Flugplatz Mallorca ha-ben die Entführung ermöglicht.«

In Rom teilen die Entführer ihre Forderungen mit. Die Flugsicherung in Mailand übermittelt sie nach Bonn. »Ein Hauptmann Mohammed Walter (phonetisch) verlangt die Freilassung aller in der Bundesrepublik verhafteten Kameraden.« Die deutsche Regierung hatte es ohnehin schon geahnt: Die RAF steckt dahinter.

Innenminister Werner Maihofer bittet seinen italieni-schen Amtskollegen, die Maschine nicht wieder starten zu lassen. »Lassen Sie die Reifen durchschießen«, ruft er ins Telefon, einem Bellen gleich. Seine Mitarbeiter sind verblüfft. So markig, der Herr Professor? Sonst fällt der Liberale, habilitiert in Strafrecht und Rechtsphilosophie, eher mit kontemplativen Betrachtungen auf. »Er begann jedes Gespräch bei den Hetitern und arbeitete sich bis zur Neuzeit vor«, erinnert sich einer.

Die Italiener schießen nicht, stattdessen lassen sie die Maschine auftanken. Sie haben kein Interesse, die Entfüh-rung auf ihrem Gebiet zu beenden. Die Bundesregierung vermerkt später, »das Verhalten dieses EG-Partners und Nato-Verbündeten ist insgesamt enttäuschend«.

Donnerstag, 13. Oktober, um 17.42 Uhr startet die »Landshut« in Rom.

Die Entführer sind Menschen mit frischen Gesichtern, fast Jugendliche noch.

»Captain Mahmud« ist Zohair Akache, 23 Jahre alt, in einem Lager für palästinensische Flüchtlinge in Beirut geboren. Ein schlaksiger Mann mit Schnauzbart und strengem Scheitel. Der in London Flugzeugtechnik studiert und auf einer Cessna ein wenig fliegen gelernt hat. Der sonntags im Hyde Park auf eine Kiste gestiegen ist und Reden gehalten hat, über Israel und die Palästinenser.

Nabil Harb, der zweite Mann, ist 20 Jahre alt, ein Sohn wohlhabender Libanesen. Ein hübscher Junge mit weichen Zügen und ruhiger Stimme, der englisch, französisch und ein wenig deutsch spricht. Die Passagiere nennen ihn bald »den Jungen«. Nadia Shehadah ist 22 Jahre alt, geboren im Libanon. Ein kleines Mädchen, schlank und schüchtern, »die Kleine«. Und Souhaila Sami Andrawes, 24 Jahre alt, »die Dicke«, deren Pullover und Jeans ein wenig zu klein geraten scheinen.

Sie sind Auserwählte, die besten eines Hijacker-Kurses der palästinensischen Befreiungsbewegung. Sie sprechen sich mit ihrer Teilnehmernummer an. Souhaila Andrawes war im Kurs die Nummer 33.

Laut sei ihre Stimme gewesen, ihre Augen voller Hass, erzählen später die Passagiere über Souhaila Andrawes. Sie verharrt stundenlang im Mittelgang, die Arme angewinkelt, damit die Handgranaten gut zu sehen sind. Wer spricht, den brüllt sie an. Wer ihr nicht gefällt, den schlägt sie. Der Co-Pilot Jürgen Vietor sagt, Souhaila Andrawes habe ihn an Frauen erinnert, die in Filmen über das Dritte Reich die KZ-Wärterinnen spielen.

Souhaila Andrawes ist im Libanon geboren und in Kuwait aufgewachsen. Sie studiert in Beirut englische Sprache und Literatur, als 1975 der Bürgerkrieg im Libanon ausbricht. Die Christen fürchten um ihre dominante Stellung, viele Muslime sind ins Land gekommen, palästinensische Flüchtlinge meist. Es ist ein Kampf der Milizen: Phalange, die Militärgruppe der christlichen Maroniten, gegen die PLO, die palästinensische Befreiungsorganisation. Der Krieg wird bis 1990 dauern, 90 000 Menschen sterben, 800 000 fliehen ins Ausland. Auch Souhaila Andrawes kehrt im Jahr 1975 zu ihren Eltern zurück, die noch in Kuwait leben.

Aus der Ferne hört sie, dass viele ihrer Freunde sterben, junge Palästinenser, getötet im Kampf. Sie sammelt Geld, das sie über den Roten Halbmond in den Libanon schickt. Später betreut sie selbst Flüchtlinge und erlebt, wie das Lager Tal al-Saatar zerbombt wird, 3000 Menschen sterben.

Ihre Mutter bringt sie mit einem Journalisten zusammen und der Journalist führt sie zum Treffen einer Organisation, die sich PFLP nennt, Popular Front for the Liberation of Palestine, die palästinensische Volksfront. Wie andere Gruppen, etwa die Al Fatah, ist sie Teil der Dachorganisation PLO, deren Ziel ein eigener unabhängiger Staat Palästina ist.

Sie sei damals jung und naiv gewesen, sagt Souhaila Andrawes in ihrer Vernehmung. Sie habe sich als Soldatin im Krieg gegen Israel gesehen.

Das Kämpfen lernt sie im Süd-Jemen, nahe einer Stadt,

die Lel-Moaala heißt. Yaser, ein junger Araber, lehrt ihr das Schießen mit einer Kalaschnikow. Sie muss die Waffe im Dunkeln zusammen- und wieder auseinanderbauen. Sie läuft lange Strecken und trainiert ihre Muskeln. Zehn Tage dauert der Kurs.

Die Besprechungen für die Flugzeugentführung finden im Irak statt. Sechs oder sieben Mal reist sie dorthin. Eines Abends lernt sie einen Mann kennen, dessen Aura sie beeindruckt. Ein Mann, »der jedermann dazu bringen könne, seinem Wunsch zu gehorchen«, wie sie den Polizisten erzählt. Es ist Wadi Haddad, Deckname Abu Hani, ein Mediziner, der 1967 zusammen mit dem Kinderarzt Georges Habasch die PFLP gegründet hat. Der sich Jahre später mit einer eigenen Gruppe abspaltet, wahrscheinlich weil ihm Habasch zu marxistisch ist und zu friedfertig. Er schart junge Leute um sich und nennt seine Gruppe »PFLP-Spezialkommando«, PFLP-SC.

Haddad ist für seine jungen Kämpfer ein Vorbild, ein charismatischer Führer, wie es sie so oft gibt in den Gruppen des Untergrunds. Er sucht für sein neues Kommando vier Leute, er nimmt die besten aus dem Kurs. Sie könne nun beweisen, wie sehr sie Palästina liebe, sagt er zu Souhaila Andrawes. Dann isst er mit den Auserwählten zu Mittag. Sie habe sich da »sehr bedeutend« gefühlt, sagt Andrawes, die »Nummer 33«.

Donnerstag, 13. Oktober, 20.28 Uhr, die »Landshut« landet in Larnarca, Zypern.

Die Deutschen erreicht die Nachricht der Entführung in den goldenen Tagen des Oktober. Tagsüber scheint die Sonne bei 17 Grad, abends ist der Himmel sternenklar. In den letzten Wochen hat sich die Hysterie im Land etwas gelegt. Die Entführer von Hanns-Martin Schleyer haben sich lange nicht gemeldet, man ist ein wenig terrormüde geworden. Die Hauptstadt gleicht zwar noch immer einer Festung und die Reporter schreiben über Bonner Politikerfrauen, die nur mit Begleitschutz zum Friseur dürfen. Doch auch anderes ist wieder wichtig, die Formel 1 zum Beispiel.

Niki Lauda wird Weltmeister und verdrängt die RAF von der Titelseite des *Spiegel*. Der *stern* macht mit einer Geschichte auf über »Männer, die das Äußerste wagten, um kranken Frauen zu helfen«. Es geht um Frauenärzte.

Zwischen den Parteien bröselt der erzwungene Krisen-Konsens weiter. Der CDU-Oppositionsführer gibt der *Bild* ein Interview. Es geht um die Ursachen des Terrors und um seine Sympathisanten. »Es ist unübersehbar«, sagt Helmut Kohl, »dass zur Zeit wichtige Teile der SPD, wobei ich Willy Brandt ganz persönlich nennen will, den Versuch unternehmen, den marxistisch-anarchistischen Hintergrund des Terrorismus aus unserem Gedächtnis zu löschen.« Die SPD hat kaum Zeit, auf die Vorwürfe zu reagieren. Sie ist mit sich selbst beschäftigt. Abgeordnete des linken Flügels wollen die Besuchersperre für die RAF-Terroristen in den deutschen Gefängnissen aufheben. Sie kommen nicht mehr zu den Sitzungen der Partei, aus Protest.

Der Streit ist am 13. Oktober mit einem Schlag vorbei. Das Orchester der Krisenstäbe spielt wieder in einer Tonlage und der Kanzler ist der Dirigent. »Er war ein besonderer Glücksfall«, erinnert sich Horst Herold, der Präsident des Bundeskriminalamts. »Keinem anderen wäre es gelungen, alle Kräfte des In- und Auslandes auf ein Ziel zu bündeln.«

Seit 18.15 Uhr tagt die »kleine Lage«. Man ist sich einig, hart zu bleiben, auch wenn es nun nicht mehr um eine Geisel geht, sondern um 88, der entführte Schleyer mitgerechnet. Man ist sich auch einig, die Geiseln zu befreien. Denn im Gegensatz zu Schleyer weiß man ja, wo sie sind.

Auf dem Flughafen zu Köln steigen am Abend 30 Männer in eine Maschine der Lufthansa, gekleidet in Pullover und Turnschuhe.

Sie laden Leitern ein, Gewehre und Pistolen, 100 Handgranaten und genügend Sprengstoff, um das Flugzeug »notfalls aufzusägen«, wie einer sagt. Die GSG 9 ist auf ihrer ersten Mission.

Die »Grenzschutzgruppe 9« war fünf Jahre zuvor gegründet worden, die Terrororganisation »Schwarzer September« war der Grund dafür. Als während der Olympischen Spiele 1972 in München acht palästinensische Terroristen in das Quartier der israelischen Mannschaft eingedrungen waren, zwei Sportler erschossen und neun als Geiseln genommen hatten, als schließlich ein Polizeieinsatz auf dem Flugplatz zu Fürstenfeldbruck gescheitert war und alle Geiseln getötet worden waren, wusste Hans-Dietrich Genscher, der damalige Innenminister, dass sich etwas ändern musste. Er schlug die Gründung einer Spezialeinheit beim Bundesgrenzschutz vor. Der Bundestag genehmigte 188 Planstellen.

Es ist eine junge Truppe, die sich da zusammenraufen muss, im Durchschnitt 23 Jahre alt, ausgewählt nach strengen Kriterien. Vier Stunden psychologischer Eignungstest, Ausdauer-, Schieß- und Sportprüfung, auch die Auffassungsgabe wird getestet. »Physis und Psyche müssen stimmen«, sagt Ulrich Wegener, der erste Kommandant der GSG 9. »Da darf es beim einzelnen Mann keine Schwachstelle geben.«

Sprengstoffspezialisten sind dabei, Taucher, Kampfschwimmer, auch Kfz-Mechaniker. Kern der GSG 9 aber sind die Spezialeinsatztrupps, kleine Einheiten von fünf Mann, handverlesen. Sie haben hart trainiert und haben auch die Strategie der Terroristen studiert. Sie haben eine Schrift aus Brasilien gelesen, das *Mini-Handbuch des Stadtguerilleros* von Carlos Marighela. Es ist die Bibel linker Revolutionärer.

Im Krisenstab ist man sich einig über den Einsatz der Elitetruppe. Doch nicht allen, die an diesem Donnerstagabend im verrauchten Kabinettssaal sitzen, fällt die Entscheidung leicht. Nur wenige wissen, dass die Vorbereitungen der Truppe nicht einfach waren, dass es Pannen gab. In einer Übung beschoss ein GSG 9-Mann vom Hubschrauber aus einen flüchtenden Wagen und durchlöcherte den Kofferraum. Hätte eine Geisel darin gelegen, wie Hanns-Martin Schleyer, er hätte sie getötet. Eine andere Übung fand Mitte der 70er-Jahre statt, als Hans-Dietrich Genscher noch Innenminister war.

Ulrich Wegener, der GSG 9-Kommandant, den sie in Bonn »Terror-Uli« nannten, hatte den Minister und seinen Stab zu einem alten Fabrikgelände eingeladen, nicht weit vom Regierungsviertel entfernt. Schwarz bemalte Männer erwarteten sie, in Tarnanzügen und mit Zweigen auf dem Kopf. »Herr Minister, wir sprengen nun gezielt zwei Türen«, sagte der Kommandant. Nach vielen Sekunden der Stille tat es einen Knall, einen »Urknall«, wie sich einer der Besucher erinnert. Dichter Staub rieselte darnieder, schwarz bemalte Männer krochen aus Trümmern hervor und »Terror-Uli« war leichenblass. Sein Elite-Kommando hatte die komplette Fabrik in die Luft gejagt.

Als Ulrich Wegener seine Männer im Hauptquartier Hangelar an diesem Donnerstagabend zusammenruft, mag auch er die Szene noch im Gedächtnis haben. Er sagt, die Premiere nach fünf Jahren Probe werde »eine harte Nuss«. Das Anschleichen sei gefährlich, ohne Deckung womöglich, auf engstem Raum. Das Verhalten der Geiseln sei unberechenbar, das der Entführer ohnehin. Schüsse könnten Leitungen voller Benzin treffen oder die Tanks. Alles in allem sei es ein »Himmelfahrtskommando«. Er habe volles Verständnis, wenn jemand nicht mitkommen wolle. Er ahnt es schon, es wollen alle mit.

Die Boeing 707 hebt ab, Ziel ist Zypern. Dort wird die entführte Maschine gerade aufgetankt.

Donnerstag, 13. Oktober, 22.50 Uhr, die »Landshut« startet in Larnarca, Zypern.

Der Pilot der entführten Maschine, Jürgen Schumann, sendet einen Code, der bedeutet, dass die Maschine entführt ist. Er hatte schon zuvor heimliche Botschaften über die Zahl der Entführer per Funk abgesetzt. Die Folge ist: Kein Staat will die Maschine landen lassen, keiner hat Interesse an einem Finale der Geiselnahme auf eigenem Gebiet. Zu unberechenbar, es könnte ja ein Blutbad geben. Flughäfen werden gesperrt, Landebahnen mit Panzern zugeparkt, der Tower gibt sich sprachlos. In Beirut. In Damaskus. In Bagdad. In Kuwait. Die »Landshut« irrt in der Luft wie eine Stubenfliege, die immer wieder aufgescheucht wird.

Freitag, 14. Oktober, 1.52 Uhr, die »Landshut« landet in Bahrein.

Der Schweizer Anwalt Denis Payot, der Vermittler zwischen Regierung und RAF, bekommt in der Nacht einen Anruf. Ein Mann, der ihm vier Erklärungen diktiert. Drei stammen von einer »Organisation für den Kampf gegen den Weltimperialismus«, das Kommando nennt sich Martyr Halimeh, die Operation heißt Kofre Kaddum.

Halimeh ist der Deckname der deutschen Terroristin Brigitte Kuhlmann, bei der Entführung eines Flugzeugs auf dem Flughafen von Entebbe in Uganda von der Polizei erschossen. Eine Märtyrerin der Revolution seitdem.

Kofre Kaddum ist ein palästinensisches Dorf, von israelischen Soldaten zerstört. Ein Fanal seitdem.

Eine weitere Nachricht stammt vom »Kommando Siegfried Hausner«, jener RAF-Gruppe, die Hanns-Martin Schleyer in ihrer Gewalt hat.

Die Entführer fordern, was sie schon einmal gefordert hatten. Die Freilassung von elf RAF-Gefangenen und eine Prämie von 100 000 Mark für jeden. Auch in Istanbul sollen Gefangene entlassen werden, Mahdi und Hussein, zwei Palästinenser. Zusätzlich seien 15 Millionen US-Dollar zu zahlen. Das Ultimatum wird auf Sonntag, 16. Oktober, 8 Uhr festgelegt. Werde das nicht erfüllt, würden die Geiseln im Flugzeug und Hanns-Martin Schleyer sterben.

Der Anrufer sagt auch, welche Banknoten die Entführer wünschen. Sieben Millionen Mark in 100-Dollar-Scheinen, drei Millionen in 1000-DM-Scheinen, drei Millionen in Schweizer Franken, zwei Millionen in Holländischen Gulden. Hanns-Eberhard Schleyer, der Sohn des entführten Arbeitgeberpräsidenten, solle der Überbringer sein. Er habe sich am 15. Oktober um 12 Uhr im Frankfurter Hotel Intercontinental einzufinden, in beigefarbenem Anzug, mit einer Sonnenbrille in der Jacketttasche, den *Spiegel* unter dem Arm. Das Geld müsse in drei Samsonite-Koffern verpackt sein. Ein Kontaktmann werde sich melden, Schleyer solle dann antworten: »Wir werden meinen Vater retten.« Er habe seinen Pass mitzunehmen.

Freitag, 14. Oktober, 3.42 Uhr, die »Landshut« startet in Bahrein.

Die Erklärungen der Entführer stecken am nächsten Morgen in 24 Briefkästen, von Nachrichtenagenturen und Redaktionen, von Fernsehsendern und Privatleuten. Hanns-Eberhard Schleyer bekommt einen Umschlag, auch die Daimler Benz AG, bei der Hanns-Martin Schleyer im Vorstand sitzt. Ein Polaroidfoto liegt bei, auch ein Videoband, das Schleyer besprochen hat. »Ich frage mich in meiner jetzigen Situation wirklich, muss denn noch etwas geschehen, damit Bonn endlich zu einer Entscheidung kommt? Schließlich bin ich nun fünfeinhalb Wochen in der Haft der Terroristen und das alles nur, weil ich mich jahrelang für diesen Staat und seine freiheitlich-demokratische Ordnung eingesetzt und exponiert habe.«

Im Hintergrund ist ein Schriftzug zu sehen. »Commando Martyr Halimeh« und »Siegfried Hausner«.

Die Zusammenarbeit zwischen palästinensischen und deutschen Terrorgruppen hat Tradition. Sie begann 1969, als sich die »Wacker-Einstein-Kommune« aus München und der »Zentralrat der Umherschweifenden Haschrebellen/Blues« aus Westberlin aufmachten, um die Welt zu retten. Zunächst nach Italien, um dort Erdbebenopfern zu helfen, und weil dies nicht gelang, weiter nach Jordanien. Hier trafen sie auf die Al Fatah, die größte Gruppe der palästinensischen Befreiungsbewegung PLO. Die

Deutschen besuchten Flüchtlingslager und lernten im Ausbildungscamp, wie man mit einem Gewehr schießt.

Viele ahmten es ihnen nach. 200 Studenten aus Westeuropa kamen allein im Sommer 1969, um durch Wüstensand zu robben, mit der Kalaschnikow zu ballern und Schützengräben auszuheben. Die Sehnsucht nach einem Leben als Guerillero war groß beim akademischen Nachwuchs aus dem Großstadtdschungel.

Warum aber brannte die deutsche Linke für diesen Konflikt im Nahen Osten, einer Region, für die sich zuvor kaum einer interessiert hatte? Es gab ein auslösendes Moment: den Sechs-Tage-Krieg von 1967. Israel hatte seine arabischen Nachbarn angegriffen und dies als Präventivschlag begründet. Am Ende hatte Israel den Gaza-Streifen annektiert, die Sinai-Halbinsel, die Golanhöhen, das Westjordanland.

Die Einstellung der europäischen Linken zu Israel war mit einem Schlag eine andere. Der Staat war nun ein Imperialist, der zu verachten war. Seine Opfer waren die Palästinenser, die zu unterstützen waren. Der Nahost-Konflikt war für die Linke ähnlich identitätsstiftend wie der Vietnamkrieg. Das karierte Palästinensertuch sollte noch lange Symbol dafür sein, auf der richtigen Seite zu stehen.

Den Palästinensern war die Aufmerksamkeit der europäischen Jugend nur willkommen, den Extremisten allemal. Sie wollten ihr Anliegen so breit wie möglich streuen, die ganze Welt sollte von ihrem Leid erfahren. Sie kannten daher keine Ländergrenzen, wenn sie ihre Attentate planten, ob sie nun 1969 eine durch Syrien laufende Pipeline sabotierten oder 1974 einen Anschlag auf eine Ölraffinerie in Singapur verübten, ob sie bereits 1972 eine Lufthansa-Maschine entführten, um erfolgreich Lösegeld zu erpressen, oder 1976 eine Air-France-Maschine nach Entebbe in Uganda, um erfolglos Häftlinge freizupressen. Der palästinensische Terrorismus war global.

Die größten Gruppen der PLO, die Al Fatah des späteren Friedensnobelpreisträgers Jassir Arafat und die PFLP, hatten ab den frühen 70er-Jahren Verbindungsbüros in Paris. Weltweit arbeiteten sie mit Terrorgruppen zusammen, mit der Japanischen Roten Armee, der Volksfront zur Befreiung der Türkei, mit arabischen und afrikanischen Guerillas. Die politische Haltung der Partner war zweitrangig. Einer der größten Unterstützer der PFLP war der Schweizer Bankier François Genoud, ein bekennender Verehrer von Hitler und Goebbels. Es sei schwer, die PFLP »im Sinne des üblichen Schemas von links und rechts« einzuordnen, sagt der britische Historiker Thomas Skelton-Robinson.

Auch in Deutschland machten sich linke wie rechte Gruppen auf, um von den Palästinensern zu lernen. Die Neonazis vom »Bund Heimattreuer Jugend« gründeten ein »Hilfskorps Arabien« für den Kampf gegen Israel. Ende der 70er-Jahre lernte die »Wehrsportgruppe Hoffmann« von den Palästinensern, wie man eine Bombe baut. Einer ihrer Anhänger probierte es wenig später aus, als er 1980 am Eingang des Münchner Oktoberfestes eine Splitterbombe zündete. Zwölf Besucher und der Attentäter starben.

Von den linken Extremisten trainierten die »Tupamaros Westberlin« in palästinensischen Lagern, die »Revolutionären Zellen«, die »Bewegung 2. Juni«. Im Sommer 1970 tauchten zum ersten Mal Mitglieder der neu gegründeten RAF in einem Camp bei Amman auf, zehn bis 20 sollen es gewesen sein, Andreas Baader, Gudrun Ensslin, Ulrike Meinhof und Horst Mahler waren dabei.

Legenden ranken sich um den Besuch der deutschen Stadtguerrilleros im arabischen Terrorcamp. Von Baader wird berichtet, er sei in Samthose durch die Wüste gerobbt, was der Ex-Terrorist Klaus Jünschke für »völligen Blödsinn« hält. Von allen wird berichtet, sie hätten sich so aufgeführt, wie sie es von zu Hause kannten. »Da kam dieser wilde Haufen aus Deutschland an und hat in diesem muslimischen Land erst mal quer durch die Bank gevögelt«, sagt Peter-Jürgen Boock. Und nebenbei taten sie das, was sie am besten konnten: Reden und streiten, laut und derbe.

Peter-Jürgen Boock reiste zum ersten Mal 1976 in ein Lager. Das bekannteste lag im südlichen Jemen, etwa 100 Kilometer von der Stadt Aden entfernt, in einem Dorf, das Yaal heißt. Die baskische ETA trainierte hier, die irische IRA, die italienische Brigate Rossa, die französische Action Directe. Heute soll in dem ehemaligen Terroristencamp eine Mädchenschule untergebracht sein.

Für die RAF war bald nicht mehr die Al Fatah der Gesprächspartner. Sie hatte sich von militärischen Aktionen distanziert und die politische Diplomatie entdeckt. Sie sprach mit den USA und ihr Chef, Jassir Arafat, redete vor der Uno.

So war Wadi Haddad von der PFLP-SC der neue Mann, der studierte Mediziner, der Souhaila Andrawes so beeindruckt hatte. Er machte seinen Gästen aus Deutschland klar, dass in seiner Organisation das »Führerprinzip« gelte.

Fast alle RAF-Mitglieder waren im Sommer 1976 da, die nicht im Gefängnis saßen. Der Anwalt Siegfried Haag, der von den Stammheimer Häftlingen ausgewählt worden war, die RAF neu zu ordnen. Verena Becker, Sieglinde Hofmann, Stefan Wisniewski, Rolf Heißler, auch Rolf Clemens Wagner, obwohl er kurz zuvor in Deutschland auf der Flucht vor der Polizei eine Kugel abbekommen hatte, mitten in den Hintern.

Es war ein hartes Training, bei hoher Luftfeuchtigkeit. Laufen, Gymnastik, Waffenkunde. Die Deutschen lernten, was instinktives Schießen bedeutet. Zunächst Zielen vor dem Spiegel. Dann Abdrücken auf stehende Ziele und auf bewegliche. Sie übten, wie man schnell den Feind erkennt. Wie man Sprengfallen und Handgranaten baut. Sie trainierten den Häuserkampf, sich lautlos zu bewegen, auch lautlos zu töten.

Abends besprachen sie mit den Palästinensern ihre Pläne. Die Aktion »Big Raushole« wurde hier erdacht, die Befreiung der Stammheim-Häftlinge. Der Name Hanns-Martin Schleyer wurde hier genannt. Siegfried Haag notierte alles auf Papieren, die später bei ihm gefunden wurden. Die Abkürzung »P's« stand für Palästinenser.

Im April 1977 traf man sich wieder, nun wurden die Länder festgelegt, in die sich die befreiten RAF-Häftlinge ausfliegen lassen sollten. Schleyers Entführung war mittlerweile ausgemachte Sache.

Ende September tauchten Peter-Jürgen Boock, Brigitte Mohnhaupt und andere müde Gestalten der RAF in Bagdad auf, um sich erneut mit Wadi Haddad zu treffen. Drei Wochen war Hanns-Martin Schleyer nun in ihrer Gewalt, doch die Verhandlungen mit der deutschen Regierung waren festgefahren. Die Entführer spürten den Druck der polizeilichen Fahndung, die konspirativen Wohnungen waren nicht mehr sicher. Sie brauchten Rat und sie bekamen ihn.

Wadi Haddad legte den Freunden aus Deutschland zwei ausgearbeitete Pläne vor: Die Besetzung der deutschen Botschaft in Kuwait oder die Entführung einer Lufthansa-Maschine. Die Besucher entschieden sich für die Entführung. War die Besetzung einer Botschaft doch vor zwei Jahren erst schiefgegangen, in Stockholm.

Brigitte Mohnhaupt führte die meisten Gespräche mit Wadi Haddad. Peter-Jürgen Boock sorgte sich um seinen erkrankten Darm und sehnte sich nach Medikamenten.

Freitag, 14. Oktober, 5.51 Uhr, die »Landshut« landet in Dubai, nachdem der Pilot akuten Treibstoffmangel gemeldet hat.

Die Entführer geben Mineralwasser aus, für jeden Passagier zunächst einen Schluck. Die Klimaanlage ist ausgefallen, die Temperatur steigt in den nächsten Stunden auf 60 Grad. Einige der Geiseln fallen in Ohnmacht, die Stewardessen legen Sauerstoffgeräte an. Die Jalousien bleiben geschlossen, auch die Sitzgurte. Wer auf die Toilette muss, darf sie jetzt benutzen. Sie ist bald verstopft.

Der Verteidigungsminister der Vereinigten Arabischen Emirate steht im Tower, Scheich Mohammed bin Rashid, 29 Jahre alt. Es ist seine vierte Flugzeugentführung, die er zu einem glücklichen Ende bringen will. Er spricht zu »Captain Martyr Mahmud«, den er »arabischen Bruder« nennt. Er bittet, Frauen, Kinder und die Kranken freizulassen. Den Wortfetzen aus dem Lautsprecher entnimmt er, dass die Entführer dazu nicht bereit sind.

Später verlängern die Entführer ihr Ultimatum bis Sonntag, 16. Oktober, 13 Uhr.

Mitarbeiter des Flughafens dürfen an die Maschine, es sind getarnte Nachrichtenoffiziere der arabischen Regierung. Sie bringen Essen und Medikamente und holen den Müll ab. Jürgen Schumann, der Kapitän, wickelt vier Zigarren in eine Serviette und wirft sie in den Müll, zwei ganze, zwei gebrochene. Wieder eine Botschaft, ein Symbol für die Anzahl der Entführer, zwei Männer, zwei Frauen.

Zwei Tage später wird ihn sein Mut das Leben kosten.

Die Entführer durchsuchen das Handgepäck ihrer Geiseln, in einer Handtasche wird Zohair Akache fündig, er schickt Nadia Shehadah, »die Kleine« los, um die Besitzerin zu holen. Als die Frau zitternd vor ihm steht, hält er einen Füller von Montblanc hoch. Er deutet auf das Logo, einen weißen Stern.

»Was ist das?«

»Ein Markenzeichen«, sagt die Frau.

Er schlägt ihr zweimal ins Gesicht.

»Das ist ein Judenstern.«

Die Entführer glauben, drei »Judenhexen« an Bord entdeckt zu haben. Sie sagen, morgen würden sie exekutiert.

Es ist eine willkürliche Auswahl. Die Passagiere, die tatsächlich jüdischen Glaubens sind, bleiben unentdeckt.

Seinen Hass auf die Juden erklärt Zohair Akache über das Bordmikrofon, mit schnarrender Stimme beginnt er seinen Vortrag: »Das zionistische Regime ist die Fortführung des Nationalsozialismus.«

Wie der Judenhass der Palästinenser mit dem Antifaschismus der RAF vereinbar war, hat der Hamburger Politologe Wolfgang Kraushaar untersucht. Wie passte das zusammen? Hier die Revolutionäre, die mit ihren Eltern gebrochen hatten, wegen der Nazis, wegen Auschwitz. Dort ihre palästinensischen Freunde, die jeden Juden ins Jenseits wünschten. Der gemeinsame Kampf, er war auf einer Selbstlüge begründet.

Für die Linke in Deutschland gehörte Israel nach dem Sechs-Tage-Krieg zur Achse der Bösen. Der Staat war ein Ausbeuter, der »Statthalter des imperialistischen Systems im Nahen Osten«, wie es Wolfgang Kraushaar formuliert. Der Zionismus, die jüdische Nationalbewegung, war der neue Faschismus, Israel das neue Dritte Reich.

»Schlagt die Zionisten, wo ihr sie trefft!«, war die Parole der Linken. Tucholsky hatte noch satirisch gedichtet: »Küsst die Faschisten, wo ihr sie trefft.«

Dieser Antizionismus rechtfertigte vieles: Bombenattentate, wie das auf das jüdische Gemeindehaus in Westberlin 1969, ausgeführt von den linken Tupamaros Westberlin. Morde, wie die an den israelischen Sportlern der Olympischen Spiele in München 1972, ausgeführt von palästinensischen Terroristen des »Schwarzen September«. Ulrike Meinhof lobte in einer Erklärung der RAF die Aktion, ihre »Sensibilität für historische und politische Zusammenhänge«, ihre »Menschlichkeit, die vom Bewusstsein bestimmt ist«.

Vier Jahre später entführten Terroristen ein Flugzeug nach Entebbe. Zwei Deutsche gehörten dem Kommando an, Mitglieder der »Revolutionären Zellen«. Die Entführer separierten die jüdischen von den nichtjüdischen Geiseln, Letztere sollten freikommen. Es sind Methoden, die man von den Nationalsozialisten kennt.

Im Antizionismus lauert, so hat es der Auschwitz-Überlebende Jean Améry formuliert, der Antisemitismus »wie das Gewitter in der Wolke«. Die RAF war schon lange von den Blitzen erfasst.

Im Prozess gegen Horst Mahler 1972 war Ulrike Meinhof als Zeugin geladen. Sie hielt ein Referat über Auschwitz. Die Opfer nannte sie »Geldjuden«. Kurz darauf meldete sich Horst Mahler zu Wort, über Israel referierte er, von einer »Symbiose zwischen Zionismus und Imperialismus« sprach er. Der Jude als Repräsentant des internationalen Kapitals, es ist das älteste Klischee der Antisemiten. Mahler, heute Vordenker von Rechtsextremen, ist seiner Ideologie in dieser Hinsicht treu geblieben.

Faschismus gleich Zionismus, so denken auch die Entführer der »Landshut«. In einer ihrer Erklärungen haben sie mitgeteilt: »Tatsächlich wird der ähnliche Charakter des Neonazismus in Westdeutschland und des Zionismus in Israel auch immer deutlicher. In beiden Ländern ist die reaktionäre Ideologie vorherrschend.«

An Bord blitzt der Judenhass immer wieder auf. Jürgen Vietor, den Co-Piloten, kostet er fast das Leben. In den Augen der Entführer trägt auch er ein jüdisches Symbol. Das Logo seiner Armbanduhr von Junghans, ein weisses Zahnrad mit fünf Spitzen, das aussieht wie der Davidstern. Erst als Vietor um Gnade bittet und seine Uhr zertrampelt, steckt Zohair Akache die Pistole wieder ein. Auch auf die Exekution der drei »Judenhexen« verzichtet er. Stattdessen lädt er zu Kaffee und Kuchen.

Eine Stewardess hat Geburtstag und Akache bestellt über Funk eine Geburtstagstorte, Kaffee und Champagner. Das Catering des Flughafens liefert eine Torte, Nusscreme, mit 28 Kerzen. »Happy Birthday Anna-Maria«, steht darauf. Die Entführer stoßen mit ihren Geiseln an.

Am Abend landet Hans-Jürgen Wischnewski in Dubai, der Staatsminister aus dem Kanzleramt, der die letzten Wochen schon so viel in der Welt unterwegs war. Er hat mit den Präsidenten der Länder gesprochen, in die sich die RAF-Häftlinge ausfliegen lassen wollen. Er ist der Zeitschinder der Regierung, denn es war von vornherein klar, dass kein Land zustimmen würde.

Der Minister hat Gerhard Boeden dabei, den Leiter der Terrorismusabteilung im BKA, außerdem den Chefpiloten der Lufthansa, einen Psychologen, den Abteilungsleiter für den Nahen Osten der Deutschen Welle und mehrere Beamte aus den Ministerien. Auch einen Koffer voller Geld hat er mitgenommen, zehn Millionen Mark, vielleicht ist mit den Entführern doch zu reden. Er versucht es und bietet sich selbst als Geisel an. Ein Übersetzer spricht ins Mikrofon, Zohair Akache antwortet schnell. Einen »Vertreter des imperialistischen, faschistischen Deutschlands« wolle man nicht haben.

In Bonn tagen die Krisenstäbe, jetzt ohne Pausen nahezu. Es geht um das Lösegeld, die Übergabe in Frankfurt. Hans-Jochen Vogel, der Justizminister, spricht mit Hanns-Eberhard Schleyer, dem Sohn des Entführten. Er sagt, Schleyer begebe sich in Lebensgefahr, wenn er die Forderung der Entführer erfülle. Es sei alleine seine Entscheidung. Die Regierung respektiere sie. Die Bundesbank stelle das Lösegeld zur Verfügung. Die geforderten Banknoten, verteilt auf drei Koffer, wiegen 130 Kilogramm.

Der Druck auf die Regierung ist groß, schon in den letzten Tagen war er das. Die Familie von Schleyer hatte die katholische Kirche bedrängt, sie solle auf die Regierung einwirken. Schleyers Freunde aus der Wirtschaft hatten um einen Termin beim Kanzler gebeten, er solle die Terroristen endlich freilassen. Sie hatten überlegt, selbst Lösegeld für Schleyer zu beschaffen, und nachgefragt, ob man es wohl von der Steuer absetzen kann, wie sich Hans-Jürgen Wischnewski in seinen Memoiren erinnert.

Hanns-Eberhard Schleyer sagt, er werde tun, was die Entführer fordern.

Samstag, 15. Oktober, 7.50 Uhr, auf dem Flughafen von Dubai werden Medikamente in die »Landshut« gereicht.

Horst Herold, dem BKA-Präsidenten, widerstrebt es, Verbrechern Geld zu zahlen. Er glaubt ohnehin nicht an die Freilassung der Geiseln. Er hat eine Idee und Klaus Bölling, der Regierungssprecher, führt sie aus. Er steckt einem Journalisten der Deutschen Presseagentur Zeit und Ort der geplanten Übergabe des Lösegelds, am Morgen läuft die Meldung über den Ticker. Um 15 Uhr, dem vereinbarten Termin, warten am Hotel Intercontinental in Frankfurt etwa hundert Journalisten und zwei Fernsehteams. Die »weite Reise«, die von den Entführern geplant war, kann Schleyer nicht mehr antreten.

Der Sohn, selbst Rechtsanwalt, stellt einen Eilantrag beim Bundesverfassungsgericht. Er will erzwingen, dass die Regierung den Entführern nachgibt. Es ist eine Verzweiflungstat ohne Erfolg.

Auf dem Flughafen von Dubai trifft sich Ulrich Wegener, der GSG 9-Kommandant, inzwischen mit zwei Soldaten der britischen Luftwaffe. Sie haben Blendgranaten mitgebracht, die mit Magnesium gefüllt sind, eine neue Entwicklung, gut geeignet für die Erstürmung eines Flugzeugs. Ein Zeichen internationaler Zusammenarbeit soll es sein.

Die »Landshut« hat keinen Strom mehr. Als Mitarbeiter der Lufthansa ein Aggregat anbringen wollen, schiessen die Entführer auf sie. Es seien Agenten, denken sie. Sie sind nervös. Jürgen Vietor, der Co-Pilot, schließt das Gerät an. Das Flugzeug hat wieder Strom.

Sonntag, 16. Oktober, 5.30 Uhr. Die Entführer der »Landshut« verlangen, das Flugzeug aufzutanken.

64 Stunden nach der Entführung droht Zohair Akache das erste Mal damit, die Geiseln zu erschießen. Er fordert Treibstoff bis 6 Uhr.

Er hat die Reihenfolge schon festgelegt. Eine 19-Jährige zuerst, ein 24-Jähriger, eine Stewardess, der Kapitän, fünf weitere Personen, im Abstand von fünf Minuten. Die 19-Jährige muss sich an eine geöffnete Tür setzen, das Gesicht nach außen. Akache drückt die Pistole an ihre Schläfe. Er zählt rückwärts.

Irgendwann ist draußen eine Stimme zu hören. »Wir tanken auf.«

Helmut Schmidt telefoniert mit dem Präsidenten der Vereinigten Arabischen Emirate. Das Gespräch dauert über eine Stunde. Der Kanzler sagt, die Maschine dürfe nicht starten, er bittet um eine Erlaubnis für den Einsatz seiner Leute. Es ist vergebens.

Sonntag, 16. Oktober, 12.19 Uhr, die »Landshut« startet in Dubai und landet um 15.52 Uhr in Aden, Jemen.

Die Landebahn ist blockiert, also eine Notlandung. Jürgen Vietor, der Co-Pilot, sitzt am Steuer. Er dreht noch eine Runde, obwohl der Sprit knapp wird. Er hat bemerkt, dass Akache, der Entführer, nicht angeschnallt war. Er wartet, bis der Gurt sitzt.

Die »Landshut« setzt auf einer Sandpiste auf, gleich neben der Rollbahn. Es ist eine harte Landung. Die Passagiere applaudieren, die Entführer auch.

In Bagdad sitzen Peter-Jürgen Boock, Brigitte Mohnhaupt und die anderen aus der RAF vor einem Kofferradio und hören die Deutsche Welle. Sie haben den Irrflug der »Landshut« verfolgt, auch ihre Landung im Jemen. Sie wissen, dass hier die Entführung enden sollte. Auch, dass der sozialistische Jemen dem Einsatz von deutschen Kräften nicht zustimmen würde. Sie sind voller Hoffnung, dass »Big Raushole« endlich klappt.

Die Behörden in Aden nehmen Kontakt zur »Landshut« auf. Sie sagen, sie müsse sofort wieder starten. Soldaten umstellen die Maschine. Die Entführer sind verblüfft.

»In Aden sollten wir uns den Behörden stellen«, sagt Souhaila Andrawes in ihrer Vernehmung. »Uns war versichert worden, dass es da keine Erstürmung geben würde.«

Wer für den Sinneswandel der jemenitischen Regierung verantwortlich ist, ist unklar. Der BND? Die Stasi? Der Ex-Terrorist Stefan Wisniewski vermutet den Einfluss der DDR, die einen Triumph der Entführer verhindern wollte. Auch Peter-Jürgen Boock sagt: »Im Rückblick gesehen war das die Aktion: Rettet Helmut Schmidt!«

Die Entführer entscheiden weiterzufliegen. Somalia soll es nun sein. Der Präsident dort gilt als Freund der Palästinenser, es gibt sogar Kämpfer der PFLP-SC im Land. Den Ausweichplan hatten die Entführer mit Wadi Haddad schon vorher besprochen.

Kapitän Schumann steigt aus dem Flugzeug, er soll nachsehen, ob es beschädigt ist. Er bleibt weit über eine halbe Stunde weg, deutlich länger, als für einen Outside-check nötig ist. Das fällt auch Jürgen Vietor, dem Co-Piloten, auf. In der Maschine wird es unruhig.

Die Entführer vermuten, der Kapitän spricht mit den Behörden. Sie sind ohnehin misstrauisch, seit sie bemerkt haben, dass Jürgen Schumann Botschaften nach draußen geschmuggelt hatte. Sie hatten ihn schon strammstehen und »Yes Captain« sagen lassen, als Strafe.

Als Jürgen Schumann zurück in die Maschine klettert, ist sein Tod beschlossen. Im Gang muss er sich niederknien und die Hände hinter dem Kopf verschränken. Der Schuss trifft ihn mitten ins Gesicht.

Niemand habe gefragt, ob der Kapitän Familie oder Kinder habe, erinnert sich Souhaila Andrawes. Zu Hause in Frankfurt trauert eine 34-jährige Witwe mit zwei Kindern.

Montag, 17. Oktober, 2.02 Uhr, die »Landshut« startet in Aden und landet um 4.34 Uhr in Mogadischu, Somalia.

Der tote Pilot liegt stundenlang im Mittelgang. Als die Leiche riecht, sperrt Souhaila Andrawes sie in einen Garderobenschrank. In Mogadischu wird die Leiche aus dem Flugzeug geschubst, über eine Notrutsche.

Der Kanzler hat den Botschafter von Somalia um 8.10 Uhr in sein Arbeitszimmer eingeladen. Er bittet darum, dass der Abflug der »Landshut« verhindert werde. In sechs Stunden könnten deutsche Polizeispezialisten in Mogadischu sein. Wenn die somalische mit der deutschen Regierung zusammenarbeite, »so würde dies unser Verhalten gegenüber Somalia auf lange Sicht ganz entscheidend bestimmen«.

Der Botschafter verspricht, die Nachricht zu übermitteln. Normalerweise gelinge das »innerhalb einer Stunde«. Es geht sogar schneller. Helmut Schmidt telefoniert noch am Vormittag mit dem Präsidenten von Somalia, Siad Barre. Die Runde im Krisenstab wundert sich, wie gut der Kanzler Englisch spricht.

Das BKA hat in den letzten Tagen herausgefunden, wer die Entführer sind. 20 000 Meldezettel aus den Hotels auf Mallorca ließ man nach Deutschland bringen, die Namen und Adressen darauf in den Computer eingeben, dann ein Datenband mit Alias-Namen gegenlaufen. Es gibt Treffer. Horst Herold erfährt es als Erster: Die Entführer sind Araber. Er eilt zum Kanzler, der telefoniert gerade mit Somalia.

Die Täter seien Deutsche, hört Herold den Kanzler sagen, also müsse auch die deutsche Polizei sie festnehmen. Der BKA-Präsident will unterbrechen, er weiß es doch besser. Werner Maihofer, der Innenminister, hält ihn fest, »Nix da! Wir dürfen die Verhandlung jetzt nicht stören«.

Hans-Jürgen Wischnewski ist in Mogadischu gelandet. Auch er verhandelt mit dem somalischen Präsidenten. Am Ende ist Siad Barre einverstanden, dass die GSG 9 das Flugzeug stürmt. Er glaubt, es sind deutsche Terroristen, die einen arabischen Sprecher zu ihrem Anführer bestimmt haben.

Später wird man Somalia für die kleine Täuschung entschädigen. Mit einem Kredit über 25 Millionen Mark und einem Krankenhaus, das eine Stiftung errichtet. Auch der Koffer mit zehn Millionen Mark, den Staatsminister Wischnewski dabeihatte, ist wohl nicht mit nach Deutschland zurückgekommen.

Der kleine und der »große Krisenstab« tagen zusammen, eine Standleitung ist hergestellt, über Frankfurt nach Rom, von dort per Funk nach Mogadischu. Sie bricht oft zusammen. Die Stunden vergehen, man kann nicht mehr viel machen hier in Bonn. Ein unerträgliches Warten, der Rauch steht im Saal.

Hans-Ulrich Klose, Hamburgs Bürgermeister, spielt mit dem Kanzler Schach. Er gewinnt. Herbert Wehner erzählt aus seiner Zeit, als er in der Illegalität lebte. Es wird gelacht, das erste Mal. Helmut Schmidt schnappt sich den Gehstock von Graf Lambsdorff und spielt Gewehr. Die Männer kichern. Wie Kinder, die längst ins Bett müssen.

In Mogadischu wird die Zeit knapp, noch eineinhalb Stunden bis zum Ablauf des Ultimatums. Die Stewardess Gaby Dillmann bittet Zohair Akache, mit dem Tower sprechen zu dürfen, wo sich der deutsche Botschafter aufhält. »Wir wissen jetzt, dass dies das Ende ist. Es wird sehr schwer für uns sein, aber wir werden so tapfer wie möglich sterben.« Es ist eine bewegende Rede.

Die Entführer bringen Sprengstoff in der Kabine an. Sie fesseln die Hände der Geiseln. Sie öffnen alle alkoholischen Getränke und schütten sie über die Passagiere. Sie sollen so schneller brennen.

Zohair Akache sagt, in 23 Minuten werde er das Flugzeug sprengen.

Der deutsche Botschafter bittet um eine Verlängerung des Ultimatums. Er versuche, den Kanzler zu erreichen. Die somalischen Behörden räumen die Rollbahnen.

Der Botschafter meldet sich wieder. Die deutsche Regierung habe beschlossen, die Häftlinge in Deutschland freizulassen und nach Mogadischu zu bringen. Es werde etwa sieben Stunden dauern.

Die Entführer lösen die Fesseln ihrer Geiseln. Einige jubeln. Zoahir Akache sagt, die Sache sei noch nicht vorbei.

Um 19.30 Uhr landet eine Boeing 707 auf dem Flughafen. Keines ihrer Lichter brennt. Die Entführer bemerken ihre Ankunft nicht.

Der Co-Pilot Jürgen Vietor döst in seinem Sessel, als er ein Geräusch wahrnimmt, ein leichtes Kratzen. Später wird er erfahren, dass es Leitern sind, die im Schotter etwas einsinken und an der Außenhaut des Flugzeugs schaben. Ein Gefühl sagt ihm, dass er aus dem Cockpit gehen soll. Er döst in der Economy weiter.

Draußen beginnt die »Operation Feuerzauber«. Somalische Soldaten zünden ein Feuer an, wenige Meter vor der »Landshut«. Die Entführer sind irritiert.

Ein Krachen. Nebel. Lichter. Schreie. Schwarz bemalte Gesichter. »Köpfe runter. Köpfe runter.« Jürgen Vietor begreift, es sind deutsche Stimmen. Es sind die Befreier. Der Einsatz dauert sieben Minuten. Um 0.12 Uhr meldet sich Hans-Jürgen Wischnewski beim Krisenstab in Bonn, die Leitung rauscht. »The work is done.« Hans-Jochen Vogel bemerkt das erste Mal Tränen in den Augen des Kanzlers.

Drei Geiseln und ein Polizist sind leicht verletzt. Drei Terroristen sind tot. Souhaila Andrawes überlebt schwer verletzt. Sie wird auf eine Trage gelegt. Sie ruft »Lang lebe Palästina!« und reckt ihre Hand zum Victory-Zeichen. Auch das wird ein Sinnbild des »Deutschen Herbst«.

Souhaila Andrawes wird später von einem Gericht in Mogadischu zu 20 Jahren Gefängnis verurteilt. Sie wird

nach eineinhalb Jahren entlassen, der Einfluss der Palästinenser in Somalia vermutlich. Sie lebt im Libanon, in der
Tschecheslowakei, in Syrien. Dort lernt sie einen Mann
kennen, mit dem sie nach Zypern zieht, dann nach Norwegen.

Die Deutschen haben zunächst kein Interesse an einer
Auslieferung. Es mag damit zu tun haben, dass die Befreiung als eine »gemeinsame deutsch-somalische Aktion he-
rausgestellt werden sollte«, wie es in einem Vermerk des
Kanzleramts heißt.

Die deutschen Behörden interessieren sich erst wieder
für Souhaila Andrawes, als sie gegen Monika Haas ermitteln, die den Sprengstoff und die Pistolen nach Mallorca
geliefert haben soll. Andrawes wird dafür als Kronzeugin
vernommen. Obwohl sie ihre Aussagen zurückzieht, wird
Monika Haas zu fünf Jahren Haft verurteilt.

Der Prozess gegen Souhaila Andrawes findet 1996
vor dem Hamburger Oberlandesgericht statt. Sie wird zu
zwölf Jahren verurteilt. Der Richter sagt, ihr Hauptanlie-
gen sei es gewesen, »die Welt auf das Schicksal der Palästinenser hinzuweisen«. Dafür habe sie beruflichen Erfolg,
ein wohlhabendes Elternhaus aufgegeben und ihr Leben
eingesetzt. Souhaila Andrawes wird in Norwegen, wo sie
ihre Reststrafe absitzt, 1999 begnadigt, aus gesundheitli-
chen und familiären Gründen. Sie spürt eine Schussver-
letzung am Knie, noch heute.

Was mit einem Triumph der Terroristen begann, en-
dete mit einem Sieg des Staates. In den Stunden nach
der Befreiung erreichen Glückwünsche aus der ganzen
Welt das Kanzlerbüro. Allein die Deutsche Botschaft in
den USA registriert mehr als hundert Anrufe in wenigen

Stunden. Dem Kanzler wird ein einwöchiger Kuraufenthalt angeboten, ein Kurier bringt einen Verrechnungsscheck über 10 000 Mark vorbei, »zu Ihrer freien Verfügung«. Der Kanzler überlegt, ihn an die Witwe des toten Piloten weiterzuleiten.

Helmut Schmidt hat kaum Zeit darüber nachzudenken, wie es nun weitergeht. Was wird mit Hanns-Martin Schleyer geschehen, der noch immer gefangen ist? Wie werden die RAF-Häftlinge im Gefängnis in Stammheim reagieren, wenn sie vom Scheitern ihrer Genossen erfahren?

Die Antwort erreicht ihn schneller als vermutet, schon am nächsten Morgen. Helmut Schmidt kann nicht glauben, was er da hört.

»Die haben sich erschossen.«

 ## Der verträumte Terrorist

Mit der Maschinenpistole im Anschlag stoppen am 3. Mai 1977 BKA-Fahnder das Auto des Sinologiestudenten Johannes Thimme. Sie zerren ihn aus dem Auto, fesseln ihn und jagen mit ihm ins Karlsruher Polizeipräsidium. Grund der Verhaftung: Verdacht auf Mitgliedschaft in einer terroristischen Vereinigung.

Aktionen solcher Art gehen den Behörden in diesen Tagen leicht von der Hand. Das RAF-Kommando »Ulrike

Meinhof« hat einen Monat zuvor den Karlsruher Generalbundesanwalt Siegfried Buback erschossen. Deutschland befindet sich im Ausnahmezustand. In jedem Langhaarigen und Linken wittern Volk und Fahnder einen Terroristen. Festnahmen, Hausdurchsuchungen, Razzien sind an der Tagesordnung. Es trifft auch Unschuldige, harmlose Sympathisanten, Mitläufer, wie es offenbar dieser Johannes Thimme ist, ein etwas verschlossener Jüngling mit weichen Gesichtszügen, der Querflöte spielt, Hegel liest, chinesische Schriftzeichen pinselt und einem schöngeistigen Elternhaus entstammt.

Seine Eltern, beide promovierte Akademiker, sind geschockt. Ihr Sohn – ein Terrorist? Sicher, Johannes ist politisch interessiert und kritisch. Aber welcher Student ist es in dieser Zeit nicht? Gewiss, er hat sich schon immer etwas »wilder« gebärdet als seine beiden Brüder. Schon mit 17 schimpfte er, dass es in Deutschland »Isolation als Folter« gebe und er als Schüler ein »Unterdrückter des kapitalistischen Leistungssystems« sei. Aber war das wirklich ernst gemeint? Außerdem verliefen die Diskussionen im liberalen Elternhaus, wo die Beatles, Biermann oder Sinfoniekonzerte liefen, bei allem Engagement doch meist sachlich.

»Warum nahm er diesen Weg?«, fragt Ulrike Thimme in einer Biografie* über das kurze Leben und schreckliche Ende ihres Sohnes, der alles andere zu sein schien als ein kaltherziger Ideologe oder gar kaltblütiger Killer. Allerdings auch keine harmlose Randfigur der RAF und

* Ulrike Thimme: *Eine Bombe für die RAF*, Verlag C.H. Beck, München 2004

ihrer mörderischen Methoden. Ermittlungsakten, die erst jetzt zugänglich wurden, zeigen, dass der verträumte Junge aus gutem Hause immer wieder versuchte, sich aktiv einzumischen, verbissen gegen die »Isolationshaft« der RAF-Gefangenen kämpfte und schließlich zum Täter wurde. Oder dazu gemacht wurde.

War er also ein Opfer des Zeitgeistes, der Anfang der Siebziger viele junge Menschen radikalisierte? Oder einer, der sich verführen ließ? Damals sitzt Christian Klar oft am Mittagstisch im Hause Thimme, wenn man über Nazizeit, Radikalenerlass, Vietnamkrieg und Imperialismus debattiert. Johannes ist von dem älteren, klug argumentierenden Freund beeindruckt, der bald zum harten Kern der RAF gehören und später zu sechsmal lebenslänglich verurteilt wird. Er kennt auch Klars Freundin, Adelheid Schulz. Und Knut Folkerts, mit dessen Bruder er befreundet ist. An der Seite von Günter Sonnenberg trainiert er Karate. Seine Eltern können nicht wissen, dass diese Bekannten ihres Sohnes Führungsrollen in der RAF übernehmen werden.

Anfang Dezember 1976 ahnen sie erstmals, dass Johannes »auf einem anderen Weg« ist. Sein Studium der Politologie, Soziologie und Sinologie in Tübingen will er aufgeben. Er ist dort merkwürdig isoliert geblieben: Er habe sich mit ihnen nur selten über politische Themen unterhalten, werden Kommilitonen später aussagen. Sein Ton gegenüber den Eltern ist rauer geworden: »Jedes Mal wird mir mehr oder weniger offen gedroht, ihr würdet aufhören zu zahlen, falls ich nicht ›voll‹ studiere. Diese eure Bedingungen akzeptiere ich nicht mehr.«

Es ist, als ob er einen Bruch provozieren möchte. Dabei liegt die Bruchstelle in ihm selbst. Im Sommer gab er einer Kommilitonin noch Flötenunterricht, holte sie dazu mit seinem klapprigen Käfer ab. Galant. Jetzt hält er sich nur noch in der Karlsruher Sympathisanten-Szene auf, zu der auch die ein Jahr ältere Studentin Sabine S. gehört. Dass er mit ihr zusammenlebt, verschweigt er den Eltern.

Damals observiert ihn bereits die Polizei. Am 30. November 1976 hat man bei der Verhaftung von Siegfried Haag und Roland Mayer Pläne zu Terroraktionen gefunden, getarnt mit den Codes »Margarine«, »Big Money« und »Big Raushole«! Auch der Name »Sabine« ist dabei – seine Freundin, die er, bürgerlich brav, »meine Verlobte« nennt. Sie wird verhaftet, die gemeinsame Wohnung durchsucht. Fahnder stoßen unter anderem auf Batterien, Drähte und Materialien zur Sprengstoffherstellung.

Mit »Margarine« ist die Marke SB gemeint. Der Code steht für Siegfried Buback, den Generalbundesanwalt, der von mindestens drei Terroristen am 7. April 1977 erschossen wird. In Thimmes Wohnung finden die Beamten ein Bahnbusticket für Friedberg in Hessen. Datiert auf den 23. November 1976. Für diesen Tag sah ein bei Haag und Mayer gefundener Arbeitsplan den Auftrag »Depot« vor. Als Depotbeschreibung stand: »Doris; Zerberus, Friedberg.« Zeugen bestätigen, dass sich Thimme zu diesem Zeitpunkt im Raum Friedberg aufgehalten hat. Ein »Tim« taucht mehrfach in den beschlagnahmten Papieren auf, unter anderem soll er einen »Schießplatzcheck« vornehmen und ist als »Bastler«

gefragt. Bei den Vernehmungen schweigt Thimme dazu. Das belastet ihn.

BKA-Überprüfungen ergeben: An Bubacks Ermordung war er nicht beteiligt. Doch die Bundesanwaltschaft ist sich sicher, das Bandenmitglied »Tim« sei Johannes Thimme. Obwohl das Oberlandesgericht Stuttgart zugibt, dass sich »der genaue Umfang der vom Angeklagten tatsächlich ausgeübten Tätigkeit nicht hat ermessen lassen«, verurteilt man ihn zu 22 Monaten Haft.

»Strenge Einzelhaft« wird angeordnet – wie bei RAF-Terroristen, die gemordet haben. Thimmes Haftbedingungen sind härter als die von Andreas Baader oder Gudrun Ensslin, denn er hat nicht den »Promi-Bonus« der Stammheimer Gefangenen. Im Knast wird der Bruch in dem jungen Sympathisanten von Brief zu Brief immer greifbarer. Ein Anstaltsleiter charakterisiert ihn als »höflich und nicht unfreundlich«, er sei ein »im Kern weicher, naiver Schwärmer«. Doch bei der Verkündigung des Haftbefehls schlägt Thimme einem Bundesanwalt plötzlich ins Gesicht. Hinter »doppelgitter + drahtverhau + fliegengitter = vier gitter« sieht er die Welt nur noch polar: Hier die RAF-Mitglieder, an deren Hungerstreiks er sich beteiligt und zu denen er verlegt werden will, dort die »Schweine« des Systems.

Muss er sie so sehen oder zwingt ihn die Liebe dazu? Sabine S., ebenfalls in Haft, kritisiert ihn scharf in einem Brief: »Du bist wirklich ein schwein, wenn du dich wirklich mit diesen ausgesuchten rassisten einlässt, um aus der isolation rauszukommen.« Thimme reagiert schuldbewusst: »Mein letzter brief war wohl ziemlich lasch und hat meine situation hier kaum reflektiert.« Er »umarmt« sie am Ende. In Schreiben an das Oberlandesgericht geißelt er »Isolation«, die Postzensur und dass man ihm jegliche Hafterleichterung verweigere. Seine Sprache klingt jetzt radikal, wirkt aufgesetzt dogmatisch, auch seinen Eltern gegenüber: »Die Intention der Bullen ist, Widerstand zu brechen, auszuhöhlen«, schreibt er. »Wenn ihr euch daran beteiligt, seid ihr auf Seite der Bullen, selbst wenn ihr überzeugt seid, zu meinem oder eurem ›Besten‹ zu handeln.« Thimme sucht den Hass. Und möchte doch lieben. Als die Isolation gelockert wird, wundert er sich selbst über »mein borniertes aggressives Verhalten euch gegenüber«.

Nach der Haft fängt Johannes an, »wieder zu gehen«. Er denkt zunächst an ein neues Studium, Philosophie, Geschichte, Ethnologie, und er befasst sich mit Malerei. Doch ein Gerichtsbescheid lähmt ihn: Er muss die Verfahrenskosten von 39 421,60 Mark tragen. Wie soll er das als Student bezahlen? Außerdem fühlt er sich isoliert. »Engere Freunde gab's hier draußen erst mal nicht«, schreibt er einer Tante.

Die Sympathisanten-Szene hat freilich auf ihn gewartet. Der Genosse mit Knasterfahrung beteiligt sich an öffentlichen Auftritten und friedlichen Besetzungen. Seine Eltern geben ihm immer noch Geld. Die RAF-Methoden lehnen sie kategorisch ab. Doch sie lieben ihren Sohn. »Johannes lebte in einer anderen Welt als wir. Und manchmal war er mir doch ganz nah«, erinnert sich die Mutter.

Ein Zurück scheint da noch möglich. Doch dann kommt er erneut in den Knast. Wegen eines Flugblatts, das wieder mal Solidarität mit den hungerstreikenden RAF-

Gefangenen fordert. Der Staat hat für Mitläufer eine Paragrafenfalle aufgestellt: »Werbung für eine terroristische Vereinigung.« Das Gericht urteilt knallhart: 18 Monate Haft für den »Flugblatt-Täter«. Wieder strenge Einzelhaft, Kontaktsperren, Hungerstreik, wieder Wutausbrüche, gefolgt von Resignation: »Du kannst dich über nix freuen, kannst nix hassen, vegetierst da so rum.«

»Normales« Leben gibt es jetzt nur noch in Bruchstücken. Als er frei kommt, sagt er den Eltern, dass er nicht mehr studieren wird. Und dass sie ihn in nächster Zeit nicht mehr erreichen können. Eine doppeldeutige Ansage. Ab und zu taucht er noch auf. Doch immer seltener.

Am Abend des 20. Januar 1985, einem Sonntag, legt Johannes Thimme in Stuttgart-Vaihingen die Bombe. Sie ist in einem Kinderwagen versteckt, den er mit einer Freundin schiebt. Die Bombe soll im Rechenzentrum der Deutschen Forschungsanstalt für Luft- und Raumfahrt hochgehen – mit dem Anschlag wollen beide auf den laufenden Hungerstreik der RAF-Häftlinge aufmerksam machen. Sie wissen, dass sich niemand im Gebäude aufhält und deshalb kein Menschenleben gefährdet wird. Bis auf zwei Ausnahmen: sie selbst. Die Bombe zündet zu früh, zerfetzt Thimmes Körper, trennt seinen Kopf ab. Die Freundin überlebt schwer verletzt.

Zwei Tage zuvor hatte der »Terrorist« seiner Mutter einen Brief geschrieben, der ihn als braven, hilfsbereiten Sohn zeigt: »Ich hab schon mal die Wäsche vorbeigebracht, die ich (wahrscheinlich) am Montag wasche, dann schau ich auch mal nach der Antenne. Gruß J.«

SELBSTMORDE IM 7. STOCK

**Die inhaftierten RAF-Anführer
nehmen sich das Leben – ihre Genossen
in Freiheit töten Schleyer**

Zum Frühstück bekommen sie hart gekochte Eier, Butter, ein wenig Marmelade und Kaffee aus der Thermoskanne. Das Brot ist in einem Behälter, der mit einem Vorhängeschloss gesichert ist, damit es über Nacht nicht vergiftet wird. Sie haben mittlerweile viele Feinde, die vier Gefangenen der RAF, nicht nur außerhalb des Knasts.

Zwei Vollzugsbeamte bringen den Frühstückswagen gegen halb acht in den siebten Stock der Justizvollzugsanstalt Stuttgart-Stammheim. Es ist der 18. Oktober 1977, ein Dienstag.

Sieben Stunden zuvor ist in Somalia die Entführung der »Landshut« zu Ende gegangen. Die RAF hat jetzt noch eine letzte Geisel in ihrer Gewalt, den Arbeitgeberpräsident Hanns-Martin Schleyer, seit 43 Tagen schon.

Wie immer beginnen die Beamten an diesem Dienstagmorgen mit der Verteilung des Essens ganz rechts neben dem Treppenhaus.

Aufschluss Zelle 716. Jan-Carl Raspe sitzt auf seiner Matratze, den Kopf leicht zur Seite geneigt. Die linke Gesichtshälfte ist blutverschmiert, der rote Pullover und die schwarze Cordhose auch. Der Einschuss an der Schläfe stammt von der Kugel einer Selbstladepistole. Er röchelt. Die Krankenstation wird alarmiert, ein Notarztwagen. Zwei Stunden später wird Jan-Carl Raspe tot sein.

Aufschluss Zelle 719. Andreas Baader liegt auf dem Rücken etwa einen Meter von der Tür entfernt. Sein Körper ist von einer Blutlache umgeben, neben seinem Kopf liegt eine Pistole. Er ist tot.

Aufschluss Zelle 720. Das Fenster ist mit einer grauen Wolldecke verhängt. Zwei Füße ragen darunter hervor. Gudrun Ensslin hängt an einem Lautsprecherkabel, das am Gitterrost des rechten Zellenfensters angebracht ist. Sie ist tot.

Aufschluss Zelle 725. Irmgard Möller liegt zusammengekrümmt auf der Matratze. Ihr dunkelgrauer Frotteepullover ist blutdurchtränkt. Ein Tafelmesser liegt am Boden. Sie atmet. Die Sanitäter werden gerufen, ein Notarztwagen. Irmgard Möller wird überleben.

Die Vollzugsbeamten rufen ihren Chef an. »Die haben sich erschossen!«

Hans Nusser ist noch im Schlafanzug, er begreift nicht. Erschossen? Pistolen? Sie wussten von Mogadischu? Sie haben sich verabredet?

Sie hatten geglaubt, sie hätten an alles gedacht. Die Haftbedingungen waren verschärft worden, damit die Gefangenen nicht mehr miteinander sprechen konnten. Die Kontaktsperre war erlassen worden, damit keine Informationen nach außen drangen. Alle Radio- und Fernsehgeräte waren aus den Zellen entfernt worden, damit keine Nachrichten nach drinnen gelangten. Die Politiker und die Beamten hatten geglaubt, sie hätten sie nun endgültig unter

Kontrolle, die prominenten Häftlinge, da oben im siebten Stock der Justizvollzugsanstalt Stuttgart-Stammheim, das Gehirn der RAF.

Hans Nusser wird es den ganzen Tag nicht begreifen, er kommt gar nicht zur Ruhe. Die Polizei ist da, die Ärzte, der Staatsanwalt, Krisensitzung im Ministerium, Anrufe der Journalisten und alle wollen wissen: »Wie konnte das passieren, Herr Nusser?« Herr Nusser weiß es nicht. »Schrecklicher Tag!« notiert am Abend seine Frau in ihrem Tagebuch. Und einen Tag später: »Hans kein Anstaltsleiter mehr!«

Hans Nusser muss gehen und später auch der baden-württembergische Justizminister. Die Staatsanwaltschaft ermittelt, später auch ein Untersuchungsausschuss. Es sind zu viele Pannen passiert im angeblich sichersten Gefängnis der Republik.

Der achtstöckige Klotz aus Beton, gebaut Anfang der 6oer-Jahre, mit einem eigenen Sicherheitstrakt im siebten Stock, gelegen im Stuttgarter Ortsteil Stammheim etwa zehn Kilometer von der Stadtmitte entfernt, dieser Klotz ist das Zuhause der RAF.

Ihre führenden Köpfe sitzen hier, seit 1974 Ulrike Meinhof, Gudrun Ensslin, Andreas Baader und Jan-Carl Raspe, die »Combat-Ikonen«, wie sie der Schleyer-Biograf Lutz Hachmeister bezeichnet. Immer wieder mal auch andere RAF-Terroristen, Brigitte Mohnhaupt bis Anfang 1977 zum Beispiel, Ingrid Schubert oder später Irmgard Möller. »Prominenten-Silo« nennt es die *FAZ*.

In Stammheim wird Baader, Meinhof, Ensslin und Raspe der Prozess gemacht, in Stammheim bekommen sie mit, wie der Terror draußen eskaliert und die Angst vor Bomben und Attentaten einem Sturm gleich über das Land weht.

In Stammheim wird auch ein Märchen erzählt, das Märchen von der Vernichtungshaft. Es handelt von einem Staat, der seine Feinde im Gefängnis ums Leben bringt. Noch heute glauben manche daran.

Das Märchen von der Vernichtungshaft beginnt schon kurze Zeit, nachdem sich die RAF gegründet hat. Kaum sitzen die ersten Genossen im Gefängnis, ist von Folter die Rede. Einzelhaft, Einzelhofgang, Redeverbot mit Mitgefangenen, Briefzensur, körperliche Misshandlungen, Fesselungen, all das sei Ausdruck eines »bereits institutionalisierten Faschismus in der Justiz«, schreibt die RAF im März 1972 nach einem Anschlag auf einen Richter des Bundesgerichtshofes, bei dem dessen Frau schwer verletzt wird. »Buddenberg, das Schwein, kümmert sich einen Dreck um geltende Gesetze und Konventionen«, heißt es in der Erklärung.

Tatsächlich sind Anfang der 70er-Jahre die Haftbedingungen für RAF-Terroristen härter als für gewöhnliche Gefangene. Sie dürfen nicht an Gemeinschaftsaktionen teilnehmen, nicht einmal am Gottesdienst. Manche Gefangene leben in Zellen, die schneeweiß gestrichen und von einer Neonröhre Tag und Nacht beleuchtet sind. Es gibt die Isolationshaft, wie für Ulrike Meinhof im »Toten Trakt« von Köln-Ossendorf.

Sie und die anderen prominenten RAF-Gefangenen verknüpfen ihr eigenes Schicksal mit der Vorstellung von einem Staat, in dem noch immer der Faschismus herrscht. Baader, Meinhof und Ensslin sehen sich selbst als Folteropfer. Auch dann noch, als sie mit der Verlegung nach Stammheim wesentlich angenehmere Bedingungen vorfinden. Das Märchen von der Vernichtungshaft erzählen sie einfach weiter.

Es ist der zentrale Mythos der RAF, der »emotionale Kitt«, wie es der Publizist Gerd Koenen nennt. Erst damit gewinne das »illusionäre Projekt der RAF eine historische Tiefendimension«.

Bei einem Teil der deutschen Linken, die noch nachglüht von den Revolten 1968, zündet die Propaganda gegen den Fascho-Staat. Demos finden statt »gegen die Isolationshaft«, in den großen Städten werden »Folterkomitees« gegründet. Die Solidarität mit den Häftlingen reicht bis in die Hochkultur. Claus Peymann, der Theatermann, sammelt Geld für Zahnersatz der Häftlinge. Andreas Baader dagegen lässt sich später im Hungerstreik von seinen Anwälten heimlich Schinkenbrote mitbringen, in seine Zelle in Stammheim, in sein Wohnzimmer.

Poster von Che Guevara hängen an den Wänden und bunte Landkarten. Regale an jeder Wand, vollgestopft bis obenhin. Die Betten haben sie rausgeschmissen, denn »ein Revolutionär schläft auf dem Boden«, erklärt Andreas Baader. Wie unaufgeräumte Zimmer von 15-Jährigen sehen sie aus, die Zellen von Andreas Baader, Ulrike Meinhof, Jan-Carl Raspe und Gudrun Ensslin im siebten Stock in Stammheim.

Sie haben es sich gemütlich gemacht. Dank der vielen Anträge, die ihre Anwälte gestellt hatten. Dank der vielen Richter, die diese Anträge genehmigt hatten.

Sie leben in großen Zellen, Baader aus »medizinischen Gründen« auf gut 20 Quadratmeter einer Doppelzelle, zeitweise sogar in einer Fünferzelle.

Über 2000 Bücher lagern in den vier Zellen, Baader allein besitzt am Ende 974. Lenin ist darunter, mit seinem Buch *Die Diktatur des Proletariats*, Henry Kissingers *Amerikanische Außenpolitik* und Che Guevaras *Bolivianisches Tagebuch*, Gudrun Ensslin liest Titel wie *Vom Ostermarsch zur APO*, *Wie man gegen Polizei und Justiz die Nerven behält* und *Moby Dick*.

Baader besitzt 75 Langspielplatten. In der Nacht seines Selbstmords wird »There's One in Every Crowd« von Eric Clapton auf dem Plattenteller liegen. Eine Art Abschiedsbrief, in einem Song heißt es: »Life don't seem worth living. I stand to say goodbye.«

Die RAF-Gefangenen dürfen am Tag eine halbe Stunde lang duschen, nicht nur 15 Minuten pro Woche wie die anderen. Dürfen jeden Tag Besuch empfangen, nicht nur zwei Mal im Monat wie die anderen. Dürfen in ihren Zellen fernsehen, so viel sie wollen, nicht nur einen Spielfilm vom Videoband pro Woche wie die anderen.

Sie bekommen Obst und Gemüse in den siebten Stock geliefert, für ihre vom Hungerstreik geschwächten Körper, auch mal einen Joghurt mehr, ein Stück Butter, einen Liter Mineralwasser. Die Ärzte haben es so empfohlen. In der Zelle von Andreas Baader stapeln sich bald 50 verschiedene Gewürze. Er darf zusätzlich zur normalen Kost 400 Gramm Fleisch am Tag essen. Er brät es selbst, auf einer Kochplatte, die in der »Fresszelle« steht, wie sie ihre Küche und Vorratskammer nennen. Auch eine »Bücherzelle« gibt es und einen »Kraftraum« mit Hometrainer, Rudergerät und Fitnessband. Ein Masseur kommt vorbei, wenn Baader verspannt ist.

Als Baader in seiner Zelle wieder einmal laut Musik

hört, spricht der Stammheimer Amtsinspektor Horst Bubeck mit ihm. Er wolle doch nicht, dass die anderen 800 Häftlinge hören, wie gut es die im siebten Stock haben. Seitdem benutzt Baader nur noch Kopfhörer.

Gleich nach ihrer Ankunft haben die Häftlinge einen »Umschluss« beantragt, regelmäßige Treffen, damit sie ihre Strategie für den anstehenden Prozess besprechen können. Die Haftrichter genehmigen es. Man will sich nicht vorwerfen lassen, die Häftlinge könnten sich nicht auf ihre Verhandlung vorbereiten. Man will alles vermeiden, was den Prozess zum Kippen bringen könnte. Da nimmt man auch in Kauf, dass sich die Angeklagten absprechen.

Anfangs sind es eineinhalb Stunden, die sie sich im Zellengang treffen. Dann vier, später acht Stunden am Tag. Da sitzen sie im Schneidersitz, rauchen selbst gedrehte Zigaretten und erörtern die Lage. »Die haben richtig gearbeitet«, sagt Günter Textor, ein ehemaliger Kriminalbeamter.

Aus den 16 Zeitungen und Zeitschriften, die sie im Abo haben, stellt Jan-Carl Raspe morgens einen Pressespiegel zusammen. Baader liest ihn als Erster, wenn er mit offenem Hemd und von Raucherhusten geschüttelt gegen Mittag aus der Zelle schlurft. Dann wälzen sie ihre Akten, nachmittags klappern die Schreibmaschinen, aus Gudrun Ensslins Zelle klingt manchmal eine Violine.

In den Pausen schlittern sie in Socken über das Linoleum. Sie dürfen sich auch gegenseitig besuchen in ihren Zellen, nur nicht Mann und Frau zugleich, zumindest ein Fuß oder eine Hand muss für die Bewacher noch zu sehen sein, so sind die Regeln. Sex ist das Einzige, was fehlt in dieser bunten Stammheim-WG.

Es seien »hoch begünstigte Gefangene« gewesen, meint der damalige Amtsinspektor Host Bubeck, dessen Erlebnisse der Journalist Kurt Oesterle vor vier Jahren in einem Buch veröffentlicht hat. Zum ersten Mal wurde darin ausführlich der Alltag in Stammheim geschildert, wenn auch nicht jedes Detail stimmte: Die Behauptung Bubecks, Baader habe im Knast mit einer Anwältin ein Kind gezeugt, musste der Originalverlag nach einer Klage zurücknehmen.

Mitte der 70er-Jahre dringt nicht viel nach außen, vom Leben in Stammheim. Erst mit dem Selbstmord von Ulrike Meinhof am 9. Mai 1976 wieder.

Der *stern* befragt nach ihrem Tod einen Psychiater aus Berlin. Der Professor führt die Haftsituation an, die den Selbstmord befördert habe. Von psychosomatischen Störungen berichtet er, von Apathie, Konzentrationsstörungen, Kopfschmerzen und Schwindelgefühl. Im Prozess äußern die Verteidiger »erhebliche Zweifel an der amtlichen Version, Ulrike Meinhof habe sich selbst getötet«.

Erst später wird man berichten, Ulrike Meinhof sei schon länger vereinsamt. Ein Positionspapier, das sie in der Haft geschrieben hatte, zerriss Baader und streute die Fetzen über den Zellenflur, »diese Scheiße kannst du doch vergessen!«.

Für die RAF ist ihr Tod ein weiteres Indiz für die These der Vernichtungshaft.

Der Erste, der die Strategie entlarven wird, ist einer der Gründer der RAF. Horst Mahler schreibt 1978 in einem Brief: »Das Geschrei über die Haftbedingungen war und ist der Stoff, mit dem Mitleidskampagnen gefüttert werden, die nichts anderes sind als Rekrutierungsunternehmen für die RAF und ihre Ableger.« Man habe eine »moralische Rechtfertigung gehäkelt« für künftige Befreiungsaktionen, die möglicherweise auch blutig ausgehen würden.

Der Staat sei dabei sehr hilfreich gewesen, schreibt Mahler. Mit der Isolationshaft von Ulrike Meinhof habe er den Antifaschisten ein Reizwort geliefert, das der Folter. »Mit der jetzt anhebenden Antifolter-Kampagne hatte der Terrorismus in der Bundesrepublik einen neuen Nährboden gefunden: er wäre sonst vielleicht – wie in den USA – mit dem Ende des Krieges in Vietnam ausgetrocknet.«

Die Kampagne dauert weit über den Tod Ulrike Meinhofs an. Es ist Anfang 1977, als abzusehen ist, dass im Stammheimer RAF-Prozess das Urteil gesprochen wird. Panik macht sich breit unter den Gefangenen. Sie fürchten verlegt zu werden, denn Stammheim ist ein Gefängnis nur für Untersuchungshäftlinge. Also inszenieren sie Ohnmachtsanfälle, um ihr Leid zu dokumentieren. Also geben ihre Anwälte Pressekonferenzen und sprechen von Massenmord. Also wird um Solidarität geworben. Chefärzte aus Stuttgart, Heidelberg und Tübingen reisen an, um ehrenamtlich Bereitschaftsdienst zu leisten.

Schließlich kommt Besuch aus dem Justizministerium, zwei Beamte, einer ist Kurt Rebmann, der später Generalbundesanwalt wird. Man ist sich schnell einig: Die Häftlinge dürfen bleiben. Es sollen sogar noch welche aus der RAF dazukommen. Rebmann ist begeistert von der Höflichkeit seines Gesprächspartners Baader. »So unangenehm ist der doch gar nicht! Macht ja fast einen sympathischen Eindruck!«

Für die größere Gruppe wird der Sicherheitstrakt umgebaut, der Umschlussbereich im Zellenflur soll vergrößert werden. Handwerker tummeln sich tagelang zwischen den Gefangenen. Später findet man in Jan-Carl Raspes Zelle einen Schraubenzieher und einen Hammer.

Ende Juli ist es dann soweit: Vier verhaftete Terroristen ziehen in Stammheim ein. Das Ergebnis: Ein Zahn bricht, eine Brille zersplittert, Arme sind geprellt, Gelenke gequetscht. Die Gäste werden wieder in andere Vollzugsanstalten gebracht. »Bambule in Stammheim« überschreibt der Journalist Stefan Aust in seinem Buch *Der Baader Meinhof Komplex* diesen Tag, an dem sich Terroristen mit Vollzugsbeamten prügeln.

Durch den Umbau haben die Beamten im siebten Stock einen neuen Überwachungsraum bekommen, mit einer großen Glasscheibe, die wie ein dicker Bauch in den Zellenflur hineinragt. Zwei Videokameras zeichnen nachts auf, was sich im Trakt tut, und können Alarm auslösen, wenn sich etwas bewegt.

Stammheim ist noch sicherer geworden, das ohnehin sicherste Gefängnis der Republik, mit elektromagnetischem Feld an der Innenmauer, das jede Bewegung meldet, mit automatischer Nachtsicherungsanlage, die blitzschnell auf ein elektronisches Schließsystem umstellen kann und alle Schlüssel überflüssig macht. Sicherheit wird großgeschrieben in diesen Tagen, überall im Lande. Bei Hans Nusser, dem Anstaltsleiter, klingeln morgens jetzt Personenschützer. Sie bringen die Kinder zur Schule.

Die 15 Vollzugsbeamten, die für den Dienst im siebten Stock ausgewählt wurden, haben sich mittlerweile daran

In das laufende Fernsehprogramm blendet das BKA während
der Schleyer-Entführung ausgewählte Nachrichten ein

Die Terroristen verbreiten Bilder des entführten Schleyer,
die in den Nachrichten gezeigt werden

Die Wohnung, in der Schleyer in Erftstadt-Liblar gefangen gehalten worden ist. Links oben der Schrank, der als Versteck der Geisel gedient hat

In diesem anonymen Häuserblock in der Erftstadter Straße Zum Renngraben 8 liegt das Terroristenversteck, das nur durch eine Panne nicht von der Polizei entdeckt wurde

In einem Brief aus der Geiselhaft fordert Schleyer die
Bundesregierung auf, eine Entscheidung über die Forderungen
der Terroristen zu fällen

Das
Bundesverfassungs-
gericht lehnt den
Antrag von
Schleyers Sohn ab,
die inhaftierten
Terroristen freizulas-
sen, um das Leben
der Geisel zu retten

Bundeskanzler Helmut Schmidt und seine Regierung beschließen nach Schleyers Entführung, Zeit zu gewinnen und den Forderungen nicht nachzugeben

Die Lage ist ernst: Gepanzerte Fahrzeuge schützten das Bundeskanzleramt in Bonn

E. M. LANG

Karrikatur zur Landshut-Entführung in der SZ
vom 15./16. Oktober 1977

Die entführte
Lufthansa-
Maschine
»Landshut« bei
ihrem
Zwischenstopp in
Dubai

Der später ermordete
Flugkapitän Jürgen
Schumann in der offe-
nen Kabinentür der
entführten »Landshut«,
bedroht von einer
Maschinenpistole

Ein Regierungsvertreter spricht mit den »Landshut«-Entführern.
Im Hintergrund ist der deutsche Unterhändler
Hans-Jürgen Wischnewski zu sehen

In Dubai werden Lebensmittel an Bord der »Landshut« gebracht

Kanzler Helmut Schmidt und Außenminister Hans-Dietrich Genscher bedanken sich beim somalischen Botschafter Jussuf Adam Bokah dafür, dass sein Land den Einsatz der GSG 9 in Mogadischu ermöglichte

Die Passagiere der
»Landshut« treffen
nach der geglückten
Befreiung in Frankfurt
am Main ein

Staatsminister Hans-Jürgen Wischnewski und der als Held
gefeierte GSG 9-Kommandeur Ulrich Wegener

Süddeutsche Zeitung

MÜNCHNER NEUESTE NACHRICHTEN AUS POLITIK · KULTUR · WIRTSCHAFT · SPORT

33. Jahrgang   München, Dienstag, 18. Oktober 1977   Ausgabe M   Nummer 240 / 42. W. / 70 Pfennig

Geiseln unverletzt befreit
Drei Terroristen getötet

Nach Mitternacht stürmte das Einsatzkommando des Bundesgrenzschutzes die entführte Lufthansa-Maschine auf dem Flugplatz von Mogadischu / Eine Terroristin verletzt

Nach der Rettung der Geiseln

Stammheimer Terroristen begingen Selbstmord

Baader und Raspe haben sich erschossen / Gudrun Ensslin erhängt aufgefunden / Ingrid Möller durch Halsstich verletzt

Das Streiflicht

In dieser Spätausgabe

Am Ende des Wahns

Die Zeitungen haben seit Tagen nur noch ein Thema: Hier die Titelseite der »Süddeutschen Zeitung« vom 18. Oktober 1977

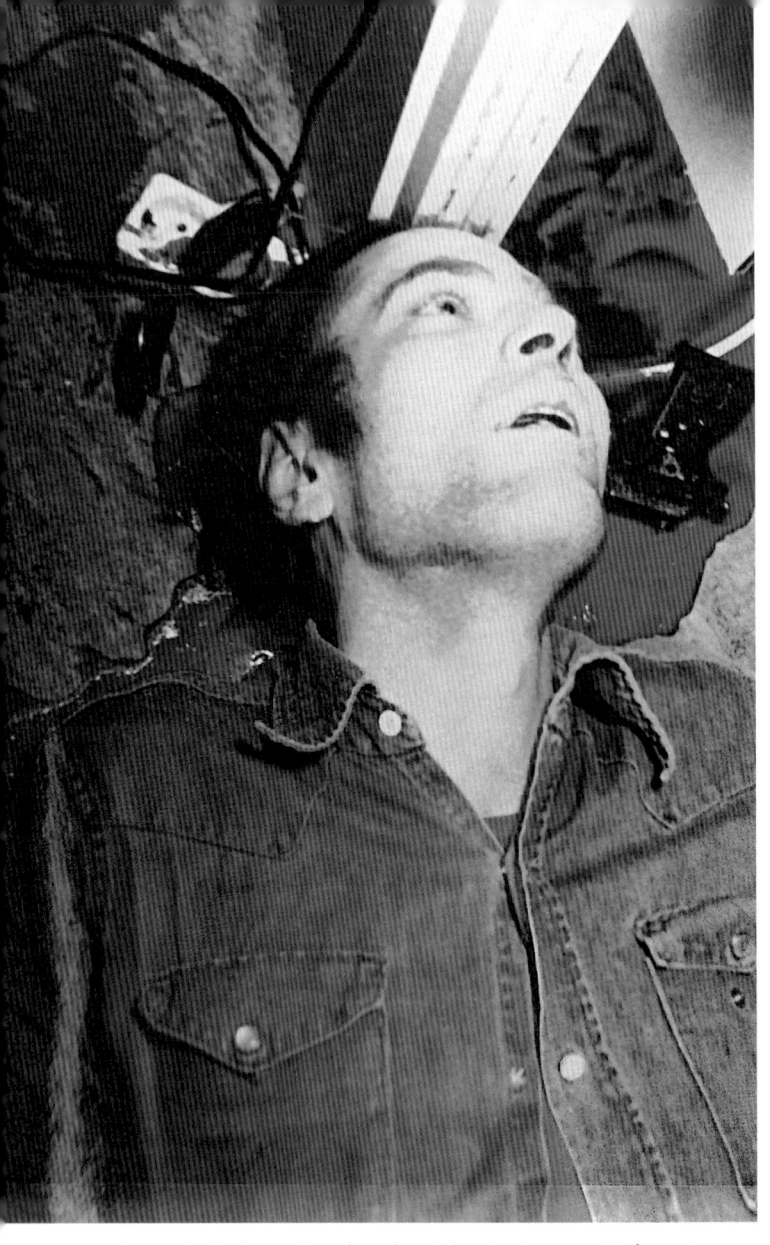

Der tote Andreas Baader, der sich mit einer ins Gefängnis
geschmuggelten Waffe umgebracht hat

Rechtsanwalt Otto Schily geht nach dem Selbstmord der
Terroristen Baader, Raspe und Ensslin vor die Presse

Ankunft des Sarges mit der Leiche von Hanns-Martin Schleyer
in Mühlhausen am 20. Oktober 1977

Der Terror geht weiter: Mit selbstgebauten Raketenwerfern plant die RAF neue Anschläge

Horst Herold, der Präsident des Bundeskriminalamts, setzt auch weiterhin auf Computer und Rasterfahndung, um die Terroristen aufzuspüren

Christian Klar, einer der Haupttäter des Jahres 1977,
nach seiner Festnahme im Sachsenwald bei Hamburg 1982

Nach dem Mord an Deutsche-Bank-Sprecher Alfred
Herrhausen 1989 sichern Polizisten Spuren an dessen Auto,
das durch die Bombe der RAF zerfetzt wurde

Kundgebung auf dem Bahnhof Bad Kleinen im Juli 1993: Hier wurde der Terrorist Wolfgang Grams von der Polizei erschossen. Die Demonstranten sehen ihn als Opfer. Neben Grams starb auch der GSG 9-Mann Michael Newrzella

Eine gigantische Detonation zerstört 1993 den Gefängnisneubau in Weiterstadt. Der Anschlag ist eine der letzten Taten der RAF

Die Revolution
wird chic!

Moderne Kunst von Claude Lévéque

Ein Buchcover des
blumenbar-Verlages

Trend-T-shirt
Prada Meinhof

Die RAF auf der Bühne: Proben zum Stück
»Ulrike Maria Stuart« von Elfriede Jelinek im Oktober 2006
des Hamburger Thalia Theaters

gewöhnt, dass sie für ihre Gefangenen »blöde Schweine« und »grüne Arschlöcher« sind. Hans Nusser kann sich an nur ein ernsthaftes Gespräch erinnern, das er in den drei Jahren mit Andreas Baader geführt hat. Es ging um dessen Gesundheit, die Rückenschmerzen.

Als Nusser versucht, ein wenig über Politik zu plaudern, blockt Baader ab. Er macht eine Pause, wandert auf dem Flur umher und verzieht den Mund so, dass eine Art Lächeln entsteht. »Deine Frau war gestern auf dem Markt.«

Nicht nur der Staat hat aufgerüstet, auch die RAF. Die Terroristen haben viele Helfer, die neue Verstecke auskundschaften, Transportwege ausprobieren oder Waffendepots überwachen. Die RAF zahlt gut, 3000 Mark die Woche sind für einen Job schon drin. Einige der Helfer arbeiten als Spione. Sie spähen Vollzugsbeamte, Richter und Staatsanwälte aus, notieren Adressen und erkunden Wohnhäuser. Die Ergebnisse fassen sie in Observationsberichten zusammen. »Villa im sog. Märchenviertel, wahrscheinlich weil die Bewohner märchenhaft reich sind. Seine Villa liegt fast am Ende einer sehr ruhigen Seitenstraße«, heißt es über das Haus eines Bundesrichters. »Hat ›hübsche‹ blonde Frau (Lenor-Typ!), mind. 1 Tochter, ca. 5–7 Jahre alt« über die Familie eines Staatsanwalts.

Auch das Bundeskriminalamt ist vor ihnen nicht sicher. Nachdem ein Rechtsreferendar mit seiner Studiengruppe die Behörde besucht hat, liefert er sechs eng beschriebene Seiten an die RAF. »Auf dieser Rechenanlage haben sie bis jetzt die Daten aller gesuchten Personen, z.Zt. 125 000«, schreibt er über die neuen Computer im BKA.

Die Häftlinge in Stammheim sind bestens informiert, was sich draußen in der Welt und im Inneren der RAF tut, denn sie bekommen viel Besuch. Von Verwandten und politischen Sympathisanten, vor allem aber von ihren Anwälten, an manchen Tagen sind es vier verschiedene für einen Häftling.

Einer ist besonders häufig zu Gast in Stammheim, 232 Mal besucht er Gudrun Ensslin. Arndt Müller ist ein Mann mit großer Brille und kurzen, dunklen Haaren, die vorne gerade geschnitten sind, wie mit einem Lineal gezogen. Er ist ein ruhiger Typ, stoisch, sagen seine Mandanten, keiner, der große Reden hält wie Otto Schily oder Hans-Christian Ströbele. »Laufbursche« werden sie ihn später nennen.

Zusammen mit Klaus Croissant und Armin Newerla hat er die Kanzlei in der Stuttgarter Langen Straße. Viele freie Mitarbeiter beschäftigt das Büro, die meisten sind RAF-Angehörige. Hier wird der »Deutsche Herbst« geplant, hier ist das Außenbüro der RAF, die Brücke zwischen krimineller und legaler Welt, zwischen Untergrund und Öffentlichkeit.

Die Polizei wird auf den stillen Anwalt aufmerksam. Sie beobachtet ihn, bald rund um die Uhr, »auch sehr offensiv«, wie ein ehemaliger Ermittler erzählt, »Stoßstangenobservation« nennen sie das, immer dicht dran. Doch was Handfestes finden sie nicht.

Wie Gudrun Ensslin es gewünscht hat, spielen die Anwälte die entscheidende Rolle im Informationsaustausch, sie sind die Verbindung zwischen Stammheim und der Welt draußen. Der Hamburger Strafverteidiger Kurt Groenewold richtet im Juli 1973 eine »Info-Zentrale in HH«

ein, sie wird das Herz des »Info-Systems« der RAF, Ensslin hatte die Idee dafür. 33 Häftlinge werden mit Ideen und Anweisungen versorgt, meist verschickt über die Verteidigerpost, die nicht kontrolliert werden darf.

Analysen über Haftbedingungen sind darunter, Schulungsmaterial für den politischen und militärischen Kampf, juristische Ratschläge der Anwälte. In »Kategorie I« geht es um die RAF selbst, um die Guerilla, um die Planung von Aktionen. Wer die Informationen aus dieser Kategorie erhält, entscheiden die Häftlinge in Stammheim. »Ohne diese Systematisierung«, sagt Ensslin, »kommt sonst früher oder später Scheiße zustande und dann 'ne Sekte raus, eingesperrt, fromm und doof.«

Jeder habe über die Rolle dieser Anwälte Bescheid gewusst, sagt der damalige CDU-Bundestagsabgeordnete Heinz Eyrich, der 1978 baden-württembergischer Justizminister wurde. »Kaum waren die aus Stammheim raus, hingen sie in der nächsten Telefonzelle. Aber was hätte man dagegen tun sollen?«

Neben Groenewold sind Eberhard Becker aus Heidelberg und Klaus Croissant aus Stuttgart an dem Info-System beteiligt, auch Hans-Christian Ströbele aus Berlin, der heute für die Grünen im Bundestag sitzt. Später werden alle außer Becker wegen Unterstützung der RAF verurteilt.

Der Stuttgarter Anwalt Arndt Müller ist zusammen mit seinem Kollegen Newerla für den Austausch von Nachrichten verantwortlich, die selbst für das Info-System zu brisant sind. Die Botschaften sind auf dünnem Durchschlagpapier geschrieben und mit Tesafilm verklebt. Die Kassiber stecken zwischen den Akten, in der Unterhose oder in einem verknüllten Taschentuch. Darin teilen die Führungskader in Stammheim ihre Gedanken mit, vor allem ihre Befehle.

Im Spätsommer 1976 schreibt Gudrun Ensslin solch eine Mitteilung, weil sie einen Fotoapparat für die Gruppe in Stammheim wünscht. Wenig später schneiden Mitarbeiter der Kanzlei Hohlräume in einen mit Akten gefüllten Ordner. Sie legen eine Minox-Kamera hinein und verkleben das Papier wieder. Arndt Müller nimmt den Ordner mit in die Stammheimer Mehrzweckhalle, wo der Prozess gegen die RAF-Häftlinge stattfindet. Er wird wie immer mit einem Metalldetektor durchsucht. Die Akten sehen sich die Beamten nur kurz an. Sie blättern nur vorne ein wenig, denn die Unterlagen der Verteidiger sind streng vertraulich.

Auch Gudrun Ensslin hat Aktenordner dabei, ihre Prozessunterlagen. Der Austausch findet in einem Besprechungsraum statt, vielleicht auch nur am Tisch in einem günstigen Moment. Irgendwann jedenfalls steht der Ordner von Müller plötzlich bei Ensslin und keinem fällt auf, dass sie damit nach oben geht, in den siebten Stock. Das geheime System zum Warenaustausch ist gefunden.

Mit der Kamera machen die Häftlinge Fotos. Von sich und den Zellen und der Landschaft, die sie vom Fenster aus sehen. Sie wollen die Bilder für Publikationen der RAF verwenden.

Arndt Müller wird ein fleißiger Bote: Er schmuggelt die belichteten Filme hinaus, die abgezogenen Bilder wieder hinein. Auch Kopfhörer, Kabel und kleine Radios landen im Sicherheitstrakt, eine Kochplatte, ein Bügeleisen und ein Toaster, aus dessen Heizspirale Jan-Carl Raspe einen kleinen Ofen bastelt. Die Vollzugsbeamten nehmen bald Geruch von gebratenen Eiern aus den Zellen wahr.

Raspe, der Stille unter den Häftlingen, hat immer wieder solche Einfälle. Als er während des Hungerstreiks zwangsernährt wird, nimmt er einige Schläuche aus der Krankenstation in seine Zelle mit. Mit Nescafé-Gläsern baut er daraus eine Schnapsdestille. Vermutlich stammt von ihm auch die Idee, beim Anstaltsarzt Rückenschmerzen vorzutäuschen, worauf die Gefangenen Heizdecken verschrieben bekommen. Die Batterien sorgen für Licht, auch nach 22 Uhr, wenn es im restlichen Knast schon finster ist.

Irgendwann bastelt Raspe auch an den Steckdosen, über die in Stammheim das hauseigene Radio übertragen wird. Er baut eine Gegensprechanlage aus Lautsprechern und Batterien. So können die Häftlinge plaudern, auch nach der Kontaktsperre ab 6. September 1977.

Die Fotos aus Stammheim fallen Polizisten zufällig in die Hände, als sie eines Tages die Wohnung einer Terroristin durchsuchen. Sie sind alarmiert. Die Kamera muss eingeschmuggelt worden sein. Als sie die Zellen durchsuchen, finden sie bei Baader einen Brocken Hasch, aber keine Kamera.

Arndt Müller transportiert die erste Waffe Ende 1976, eine Selbstladepistole ungarischen Modells, Kaliber 7,65 Millimeter. Im Frühjahr 1977 dann eine Selbstladepistole von Heckler&Koch, Kaliber 9 Millimeter, und einen vernickelten Revolver Colt Detective Spezial. Es werden wieder Hohlräume in die Akten geschnitten, die Waffen zerlegt, die Griffschalen entfernt. Die Löcher werden wieder mit Buchbinderleim und Papier verklebt, wieder findet der Austausch während des Prozesses statt, und weil die Ordner diesmal so schwer sind, gibt sie der Anwalt erst gar nicht aus der Hand. Was genau er da transportiert, habe er nicht gewusst, sagt Arndt Müller vor Gericht. Man wird ihm nicht das Gegenteil beweisen.

Auch Sprengstoff schmuggelt er ins Gefängnis, 650 Gramm, in sechs Stangen, jeweils 20 Zentimeter lang. Einen Teil über die Akten, den anderen steckt er sich, in Zellophan verpackt, in die Unterhose. Den Vollzugsbediensteten fällt auf, dass die Hose des Anwalts »im Genitalbereich besonders abstand«. Da aber der Metalldetektor nicht anschlägt, schöpfen sie keinen Verdacht.

Die Häftlinge verstecken Waffen und Sprengstoff in Hohlräumen, die sie hinter der Sockelleiste am unteren Ende der Wände ausgekratzt haben. Den Sprengstoff in den Zellen 721 und 723. Die Pistolen in den Zellen 715 und 716, den Colt in Zelle 723.

Wie sie da hineingekommen sind, erfahren die Behörden erst Monate später, von zwei Männern, die als Kuriere für das Anwaltsbüro von Croissant, Müller und Newerla gearbeitet haben. Volker Speitel und Hans-Joachim Dellwo sind die Informanten der Bundesanwaltschaft, in der Szene der Sympathisanten sind sie bald die »Meistersänger«.

Der 27-jährige Speitel wird am 2. Oktober 1977 im Skandinavien-Express an der deutsch-dänischen Grenze festgenommen. Am 19. Oktober, dem Tag als Hanns-Martin Schleyer ermordet wird, soll er zu erzählen begonnen haben. Joachim Lampe, einer der Bundesanwälte, besucht ihn jeden Tag. »Er dachte, der Staat macht ›tabula rasa‹. Er hatte wahnsinnige Angst, deshalb hat er ausgepackt«, erinnert sich Lampe. Die Vernehmungen dauern mehrere Wochen. Im Januar 1978 präsentiert Generalbundesanwalt Kurt Rebmann die Lösung des größten Rätsels von Stammheim. Vor Journalisten erklärt er, wie das mit den Waffen lief und welche Rolle die Anwälte spielten.

Arndt Müller wird 1980 zu einer Freiheitsstrafe von vier Jahren und acht Monaten verurteilt, Armin Newerla zu drei Jahren und sechs Monaten. Der eine Informant der Bundesanwälte, Volker Speitel, erhält eine Strafe über drei Jahre und zwei Monate, der andere, Hans-Joachim Dellwo, über zwei Jahre. Beide bekommen später eine neue Identität, Dellwo lebt heute in Kanada, der Aufenthaltsort von Speitel ist unbekannt.

Es ist der 5. September 1977 am Abend, als die Stammheimer Häftlinge in ihren Zellen die *Heute*-Sendung sehen und hören, dass Hanns-Martin Schleyer entführt wurde. Eine halbe Stunde später nehmen die Vollzugsbeamten Fernseh- und Radiogeräte weg.

Am nächsten Tag verhängen die Politiker die Kontaktsperre. Die Häftlinge dürfen keinen Besuch mehr empfangen, auch nicht von ihren Anwälten. Sie bekommen keine Post mehr und keine Zeitungen. Sie dürfen sich nicht mehr sehen und haben zu unterschiedlichen Zeiten Hofgang.

Die Gefangen rufen nun laut, um sich zwischen ihren Zellen zu unterhalten. Die Vollzugsbeamten stellen Schaumstoffmatten vor die Zellentüren, als Dämmung. Die Häftlinge brüllen nun. Es ist nur Ablenkung. Wichtige Dinge besprechen sie über die Steckdosen in den Zellen, die Jan-Carl Raspe zur Sprechanlage umgebaut hatte.

Davon bekommen die Vollzugsbeamten nichts mit.

Auch nichts von dem kleinen Transistorradio, das Jan-Carl Raspe gut versteckt hat. Selbst die Polizisten vom Landeskriminalamt entdecken nichts, als sie noch am Abend alle Zellen durchsuchen.

Der Polizeieinsatz ist ein schwieriges Unterfangen, die Beleuchtung funktioniert nicht überall. Der Anstaltsleiter schleppt Steh- und Schreibtischlampen an, so richtig hell wird es nicht. Asche und Obstschalen bedecken den Boden der Zellen, Bubeck vergleicht sie einmal mit »Autobahntoiletten, die sechs Wochen lang nicht geputzt wurden«. Hier ein Pelzmantel bei Baader, hier ein Parfümfläschen bei Ensslin, Lebensmittel in allen Zellen und eine Masse von Büchern. Das Chaos macht eine gründliche Durchsuchung der Zellen unmöglich. Das ist immer so, auch wenn die Vollzugsbeamten dreimal in der Woche in die Zellen sehen, während die Häftlinge beim Duschen sind.

Nach nur einer Stunde wird der leitende Polizeibeamte abgezogen, er muss in die Stadt, auch das Büro der Anwälte Croissant, Müller und Newerla soll durchsucht werden. Seine Anweisung, alle elektrischen Geräte zu prüfen, geht in dem Trubel offenbar unter. Baaders Plattenspieler bleibt an diesem Abend ungeöffnet. Er wird später das Versteck seiner Waffe sein.

Die Polizei kommt nun öfters zu Besuch nach Stammheim. Nicht wegen weiterer Durchsuchungen, sondern um zu reden. Der Staat zeigt Aktivität, in Wahrheit spielt er nur auf Zeit.

Die Gefangenen haben mit einem Mann zu tun, der ein gutmütiges Gesicht und eine ruhige Stimme hat. Alfred Klaus vom BKA kennt die Gefangenen, er hat

Dossiers über sie angelegt und mit ihren Verwandten geredet. Alfred Klaus ist der »Familienbulle« der RAF.

Als die Entführer von Hanns-Martin Schleyer fordern, elf RAF-Häftlinge freizulassen und auszufliegen, legt Alfred Klaus den Gefangenen einen Fragebogen vor. Sie sollen unterschreiben, dass sie bereit sind, sich ausfliegen zu lassen. Sie sollen die möglichen Zielländer nennen. Nur Baader nennt fünf Namen.

Die Tage vergehen, es ist eine bleierne Zeit in Stammheim. Im siebten Stock ist es »unerträglich ruhig« geworden, wie der Amtsinspektor Bubeck feststellt. Die Häftlinge bestellen von Tag zu Tag mehr Beruhigungs- und Schlafmittel. Andreas Baader ist aggressiver als sonst und fahrig, Ensslin gereizt, Raspe depressiv, manchmal sehen die Beamten Tränen in seinen Augen.

Die Häftlinge verhängen ihre Fenster mit Decken. Sie reden wieder viel über Folter und Vernichtungshaft. Es ist die Strategie.

Jan-Carl Raspe spricht das erste Mal über Selbstmord, als er am 6. Oktober beim Anstaltsarzt ist. Er klagt über Schlafstörungen.

Am 8. Oktober bittet Baader um ein Gespräch mit Alfred Klaus.

Baader: Haben Sie mir etwas zu sagen?

Klaus: Nein.

Baader: Wenn das jämmerliche Spiel und die Potenzierung der Isolation seit sechs Wochen nicht bald ein Ende findet, werden die Gefangenen entscheiden. Das polizeiliche Kalkül wird nicht aufgehen. Dann werden die Sicherheitsorgane mit einer Dialektik der politischen Entwicklung konfrontiert, die sie zu betrogenen Betrügern macht. Die Gefangenen haben nicht die Absicht, die gegenwärtige Situation länger hinzunehmen. Die Bundesregierung wird in Zukunft nicht mehr über die Gefangenen verfügen können.

Klaus: In welcher Welt leben Sie eigentlich? Finden Sie nicht auch, dass das irreale Vorstellungen sind?

Baader: Das ist eine Drohung. Es wird sich um eine irreversible Entscheidung der Gefangenen in Stunden oder Tagen handeln.

Zurück in Bonn schreibt Alfred Klaus einen Vermerk. Baader sei mit den Nerven am Ende. Mit der angekündigten Entscheidung der Häftlinge könne »nur ihre Selbsttötung gemeint sein«.

Auch Jan-Carl Raspe spricht mit Alfred Klaus. »Die politische Katastrophe sind die toten Gefangenen und nicht die befreiten«, sagt er. Hans Nusser, der Anstaltsleiter, ist wie Klaus davon überzeugt, dass es eine Selbstmorddrohung ist.

Nusser berichtet davon dem Ministerium. Er schreibt, ein Suizid könne nicht verhindert werden, solange die Häftlinge in Isolation lebten. Der Minister schreibt zurück. Nusser möge alles Vertretbare tun, um einen Selbstmord zu verhindern. Der Anstaltsleiter fühlt sich ein wenig alleingelassen.

Am 13. Oktober 1977, 38 Tage nach der Geiselnahme von Hanns-Martin Schleyer, wird die »Landshut« entführt. Andreas Baader sagt in einem Gespräch mit Alfred Klaus, er halte nichts von dieser Aktion. Gewalt gegen unbeteiligte Zivilisten lehne er ab.

Vier Tage später sitzt Alfred Klaus mit einem Ministerialdirigenten im Besprechungsraum von Stammheim.

Die Häftlinge hatten um ein Gespräch mit einem hochrangigen Politiker gebeten. Sie hatten sich Manfred Schüler gewünscht, den Staatssekretär des Kanzleramts, der »kleine Krisenstab« der Bundesregierung hatte sich dagegen entschieden. Es bleibt im Dunkeln, warum die Terroristen um das Gespräch gebeten haben. Hatten sie eine Geiselnahme geplant? Oder einen letzten Schlichtungsversuch? Der Ministerialdirigent spricht eine Stunde lang mit Baader, der zum Schluss meint: »Sagen Sie Schmidt: Im Fall einer Freilassung werden wir nicht in die Bundesrepublik zurückkehren.«

Der Krisenstab hatte schon längst festgelegt, dass eine Freilassung der Gefangenen nicht in Frage kommt.

Auch Gudrun Ensslin hat Besuch an diesem Montag, die zwei Anstaltspfarrer sind gekommen, sie hatte darum gebeten. Sie ist in braun gekleidet und sieht aus wie eine Nonne.

Sie fürchte umgebracht zu werden, sagt Gudrun Ensslin.

Wer soll Sie denn umbringen?, fragt Hans Peter Rieder, der katholische Pfarrer.

Ach, was wissen Sie schon, sagt Ensslin.

Er habe im Nachhinein den Eindruck eines hoch inszenierten Abgangs gewonnen, sagt Hans Peter Rieder heute. »Die Gefangenen wollten uns instrumentalisieren: Wenn die Pfaffen davon berichten, dann sieht es noch stärker nach Mord aus.«

Es ist der Mythos der Vernichtungshaft, den sie aufrechterhalten wollen, auch über ihren Tod hinweg. Es soll ihr Vermächtnis sein.

Was nun in dieser Nacht auf den 18. Oktober 1977 in

Stammheim geschieht, ist nicht vollständig dokumentiert.

Um 22 Uhr meldet sich Jan-Carl Raspe über eine Rufanlage, die in jeder Zelle installiert ist, in der Wachkabine der Vollzugsbeamten und bittet um eine Rolle Toilettenpapier.

Um 23 Uhr bringen die Sanitäter wie an jedem Abend den Gefangenen die Medikamente. In die Zelle von Raspe reichen sie über die Klappe der Essensausgabe Hustensaft, ein Schmerzmittel und eine Rolle Toilettenpapier. Baader bekommt eine Schmerz- und eine Schlaftablette. Die Beamten sehen durch den Schlitz, dass er zwei Eier gegessen hat.

»Sonst keine Vorkommnisse«, schreibt der wachhabende Beamte ins Protokollbuch.

Wahrscheinlich hört Raspe als Erstes die Nachricht, dass die Geiseln in Mogadischu befreit sind. Als man am nächsten Morgen sein kleines Transistorradio findet, ist es auf das erste Programm des Süddeutschen Rundfunks eingestellt.

Wahrscheinlich teilt er die Neuigkeit den anderen über die Sprechanlage mit und greift in den Hohlraum am Boden seiner Zelle, wo die Pistole liegt. Wahrscheinlich holt Baader seine Waffe aus dem Plattenspieler, worin sie an Büroklammern aufgehängt ist.

Gegen 1.30 Uhr hören zwei Vollzugsbeamte in Stammheim einen dumpfen Knall. Sie vermuten, ein Fenster wurde zugeschlagen. Sie sehen nicht nach.

Gegen zwei Uhr hört der Gefangene, der unter Baaders Zelle untergebracht ist, mehrmals oben die Toilettenspülung.

Um 6.55 Uhr hört ein Vollzugsbeamter einen Knall, der sich wie ein Schuss anhört. Er denkt, dieser habe sich aus der Maschinenpistole eines Kollegen gelöst, der draußen patrouilliert.

Irgendwann in dieser Nacht schießt Andreas Baader zweimal in eine Wand seiner Zelle, dann setzt er die Pistole auf den Nacken und drückt ab. Er ist 34 Jahre alt.

Jan-Carl Raspe, 33, schießt sich in die rechte Schläfe, Gudrun Ensslin, 37, knüpft eine Schlinge aus einem Kabel. Irmgard Möller, 30, sticht mit dem Anstaltsmesser in ihre Brust. Sie überlebt als Einzige.

Das Gehirn der RAF ist tot.

Es waren die letzten Taten, um den Mythos der staatlichen Vernichtung wachzuhalten – und es waren die stärksten. »Es war, als hätten Baader, Ensslin und Raspe selbst im Tod noch das letzte Wort behalten«, schreiben die beiden Baader-Biografen Klaus Stern und Jörg Herrmann.

Die Politiker in Bonn, noch berauscht von ihrem Erfolg in Mogadischu, erfahren am frühen Morgen von den Selbstmorden. Hans-Jochen Vogel, der Justizminister, schlägt sofort vor, internationale Gerichtsmediziner zu beauftragen. Sie sind unabhängig und unverdächtig. Deutsche Pathologen werden erst später zu den Leichen vorgelassen.

Obwohl das Ergebnis der Obduktionen eindeutig ist, wird sich noch lange die Theorie halten, es sei Mord gewesen. Ende 1977 zweifeln nach einer Umfrage 14 Prozent der Deutschen, dass es Selbstmord war. Noch neun Jahre später schreibt der Lyriker Erich Fried: »Außerdem wurden nach meinen Ermittlungen die 3 in Stammheim von israelischen Geheimdienstleuten umgebracht, die bei der Befreiung der Landshut, getarnt als RAF, mitgeholfen hatten.«

Es mag an den vielen Widersprüchen der Ermittlungen liegen, dass sich die Mord-Theorie so lange hält: Es ist unklar, mit welcher Hand Baader die Pistole gehalten hat. Es wurden Spuren nicht bis zu Ende ausgewertet. Es gibt unterschiedliche Angaben, wie tief der Schnitt war, den sich Irmgard Möller zugefügt hat. Die Überlebende selbst glaubt bis heute an einen Mord. Vor dem Untersuchungsausschuss des baden-württembergischen Landtags sagte sie 1978: »Es hat auch niemand mit Selbstmord gedroht. Alles, was in diesem Zusammenhang jetzt nachträglich untergeschoben wird, ist ganz eindeutig eine Fälschung.«

Der Untersuchungsausschuss kommt zwar zu dem Ergebnis, es sei Selbstmord gewesen, stellt aber dennoch fest, dass einiges schiefgelaufen ist im sichersten Gefängnis der Republik: »Die politische Führung der Landesregierung hat versagt.«

Der Mythos vom Mord macht auch im Ausland die Runde. In Italien gehen Bomben im deutschen Generalkonsulat, in BMW- und VW-Niederlassungen hoch. In Athen rufen linke Demonstranten »Mörder Schmidt an den Galgen«. Klaus Pflieger, der den Tod der drei Häftlinge als Staatsanwalt untersucht, erlebt ein paar Wochen später in seinem Frankreich-Urlaub, dass ihm die Leute auf die Schulter klopfen: »Toll, wie ihr das in Deutschland gelöst habt!«

Er ist erleichtert, als ihm 1990 die Terroristin Susanne Albrecht bei ihrer Vernehmung ein Schlüsselwort offenbart: »Suicide Action«. Unter diesem Begriff versteht die RAF, was in Stammheim geschehen ist. Der eigene Tod wird im Sinne der ganzen Gruppe funktionalisiert, der Selbstmord ist Bestandteil einer durchdachten Strategie, seine Inszenierung als Mord soll neue Unterstützer mobilisieren.

In Bagdad erfahren die zehn geflüchteten RAF-Terroristen, die an Schleyers Entführung beteiligt sind, am 18. Oktober 1977 aus dem Radio vom Tod ihrer Genossen. Es ist ein Schock. Wie betäubt seien sie gewesen, erzählt der Ex-Terrorist Peter-Jürgen Boock, manche hätten geweint, manche geflucht, manche Rache geschworen. Nur Brigitte Mohnhaupt nicht, sie habe gebrüllt. »Ihr habt diese Leute nie gekannt. Sie sind keine Opfer, und sie sind es nie gewesen. Zum Opfer wird man nicht gemacht, sondern zum Opfer muss man sich selber machen. Sie haben ihre Situation bis zum letzten Augenblick selbst bestimmt.« Brigitte Mohnhaupt und Peter-Jürgen Boock wussten in dieser Gruppe als Einzige, dass Waffen in Stammheim waren, und von der Drohung im letzten Kassiber der Häftlinge: »Sonst nehmen wir unser Leben selbst in die Hand.« Sie wussten als Einzige, dass die Selbstmorde geplant waren.

Die Gruppe nimmt mit den Genossen Kontakt auf, die Schleyer in Brüssel versteckt halten. Sie beschließen, dass er sterben muss. Eine Freilassung kommt nicht in Frage. »Sie wäre nicht als menschliche Geste verstanden worden, sondern als Eingeständnis der Niederlage«, erklärt später einer der Entführer, Stefan Wisniewski, in einem Interview mit der *taz*. Peter-Jürgen Boock sagt, er habe ein »Bedürfnis nach Rache« verspürt.

Am 19. Oktober 1977 muss Hanns-Martin Schleyer wieder in einen Kofferraum steigen. Seine Entführer sagen, er werde nun freigelassen. Sie fahren über die belgisch-französische Grenze und lassen ihn aussteigen. Er stolpert einige Schritte.

Drei Schüsse treffen ihn in den Hinterkopf. Er ist sofort tot.

Im Stuttgarter Büro der Deutschen Presseagentur klingelt um 16.21 Uhr das Telefon. »Hier RAF«, sagt eine Frau. »Wir haben nach 43 Tagen Hanns-Martin Schleyers klägliche und korrupte Existenz beendet. Für unseren Schmerz und unsere Wut über die Massaker von Mogadischu und Stammheim ist sein Tod bedeutungslos.« Im französischen Mülhausen findet die Polizei einen grünen Audi 100 mit Bad Homburger Kennzeichen. Im Kofferraum liegt die Leiche.

Wanzen für den Rechtsstaat

Im Frühjahr 1975 reisten Techniker, bewandert in der Installation kleiner Geräte, von Köln nach Stuttgart. In fünf Zellen der Justizvollzugsanstalt Stuttgart-Stammheim bauten die Mitarbeiter des Bundesamtes für Verfassungsschutz Wanzen ein. Die Kollegen vom Landesamt hatten darum gebeten.

Wenige Wochen später kamen Techniker vom Bundesnachrichtendienst (BND) zu Besuch. In zwei weiteren

Zellen installierten sie versteckte Mikrofone. Die Kollegen vom Landeskriminalamt Baden-Württemberg hatten darum gebeten.

Am Ende waren es sieben Zellen im siebten Stock der Justizvollzugsanstalt, die mit Wanzen bestückt waren.

Wurden weitere Zellen verwanzt? Wann und wie lange haben die Behörden die inhaftierten Terroristen belauscht? Welche Informationen haben sie verstanden und registriert? Haben sie möglicherweise bis zuletzt abgehört und haben sie möglicherweise den Selbstmord von Baader, Ensslin und Raspe wahrgenommen, ohne einzugreifen? Die Fragen beschäftigen Journalisten und Buchautoren seit 30 Jahren. Es sind Fragen, die auch für Verschwörungstheorien geeignet sind. Weil es bis heute Widersprüche gibt.

Dass es einen geheimen Lauschangriff des Staates gegeben hatte, wurde bereits 1977 bekannt. Die beiden baden-württembergischen Minister Traugott Bender, Justiz, und Karl Schiess, Inneres, gaben auf Druck »zwei Fälle rechtfertigenden Notstandes« zu: Vom 25. April bis 9. Mai 1975, nach dem Anschlag auf die Stockholmer Botschaft, habe man die Inhaftierten in Stammheim belauscht. Außerdem vom 6. Dezember 1976 bis 21. Januar 1977, nach der Festnahme des Anwalts Siegfried Haag.

Es habe den dringenden Verdacht gegeben, »dass bestimmte Geiselnahmen, Brandanschläge und auch Tötungsdelikte vom harten Kern der Baader-Meinhof-Bande in Stuttgart-Stammheim geplant wurden«, hieß es danach in einer Pressemitteilung. Die Bänder seien sofort nach der Aktion wieder gelöscht worden. Es seien lediglich Gespräche zwischen den Inhaftierten und ihren Anwälten abgehört worden.

An der Auskunft der Behörden gab es bald Zweifel. Im siebten Stock in Stammheim waren vier Zellen zu Besprechungsräumen umfunktioniert worden. Insgesamt aber waren sieben Zellen verwanzt. Wurden also auch mindestens drei Häftlingszellen abgehört? Haben die Minister nicht die ganze Wahrheit gesagt?

Heute gibt es Hinweise, dass die beiden bekannt gegebenen Lauschaktionen der Behörden nicht die einzigen waren. Der BND half auch im weiteren Verlauf des Jahres 1977 weiter beim Abhören von RAF-Terroristen mit, ohne dass dies jemals öffentlich bekannt wurde.

Ein Zeuge bestätigt dem *stern*, dass BND-Mitarbeiter auch im »Deutschen Herbst« 1977, während der Entführung des Arbeitgeberpräsidenten Hanns-Martin Schleyer, nach Stuttgart reisten, um die Polizei zu unterstützen. Es seien Beamte vom baden-württembergischen Landeskriminalamt abgestellt worden, um Abhöraktionen des BND zu unterstützen. Es habe höchste Geheimhaltung gegolten, nur wenige seien darüber informiert gewesen. Wie lange und wo überall abgehört wurde, ist deshalb nicht schriftlich dokumentiert. Auch nicht, ob der Staat in der Nacht von Stammheim mithörte, als sich seine Feinde selbst richteten.

Von einer persönlich angeordneten Lauschaktion erzählt Horst Bubeck, damals verantwortlicher Justizvollzugsbeamter im siebten Stock in Stammheim. Da es seinen Kollegen nicht gelungen sei, die Gespräche der Häftlinge zu belauschen, habe er einen Cassettenrekorder mit Mikrofon vor die Zellen gestellt, um die Gespräch darin über die Luftschlitze an der Tür abzuhören. Bis auf das Geräusch einer Toilettenspülung habe man aber nicht viel hören können, erzählt Bubeck heute.

Irritationen gibt es bis heute auch über den Zeitpunkt, wann der Selbstmord bekannt wurde. In offiziellen Berichten heißt es, die Zellen wurden am Morgen des 18. Oktober 1977 um 7.41 Uhr geöffnet. Der damalige Justizminister Hans-Jochen Vogel erzählte jedoch vor wenigen Jahren in einer Talkshow des ZDF, er habe von den Selbstmorden morgens gegen sechs Uhr oder halb sieben erfahren. Heute sagt Vogel, er habe sich wohl getäuscht.

Auch der damalige Anstaltsleiter Hans Nusser sagt, er sei bereits gegen sechs Uhr über die Selbstmorde informiert worden. Er könne sich erinnern, dass er noch seinen Schlafanzug trug und die Kinder noch nicht in der Schule waren. Es sei aber nicht auszuschließen, dass er sich täusche.

Heinz Eyrich, der ab August 1978 Justizminister in Baden-Württemberg war, sagt, in seiner Amtszeit seien Häftlinge in Stammheim regelmäßig dann abgehört worden, wenn ihnen ein gemeinsames Treffen genehmigt worden war, allerdings mit deren Wissen. Wie es zuvor geregelt war, das wisse er nicht.

»Es gibt halt auch Dinge, von denen selbst ein Minister nichts erfährt.«

Der Meistersänger

Aus den Protokollen des damaligen Bundesanwaltes Joachim Lampe (»Lampe-Papiere«), der nach der Ermordung von Hanns-Martin Schleyer wochenlang den RAF-Aussteiger Volker Speitel (»X«) befragte, bevor dieser sich offiziell vernehmen ließ. In der Szene war Speitel bald der »Meistersänger«.

Zur Rolle von Brigitte Mohnhaupt, als sie 1977 aus Stammheim entlassen wurde und die RAF aus dem Rechtsanwaltsbüro Croissant in Stuttgart heraus steuerte:

»Alles wurde anders, als Mohnhaupt aus dem Knast kam. Sie hatte sehr klare Vorstellungen. Zuerst wollte sie das Büro ›klären‹. Drinnen fürchteten sie einen Bullen im Büro. Mohnhaupt machte zunächst normale politische Sachen; sie arbeitete Tag und Nacht. Unsere Auffassungen stimmten weitgehend überein. Ich entwickelte ihr meine Vorstellungen über die Notwendigkeit der Koordinierung der Arbeit von ETA, IRA und BR (Brigate Rossa in Italien, Anm. der Redaktion) mit dem Ziel der Isolierung der BRD und schließlich gemeinsamen militärischen Aktionen gegen die BRD. Dazu gehört dann in der BRD ein Agitationsapparat (...) und selbstverständlich ein Kern bewaffneter Kämpfer. (...) Über alle Sachen wurde mit drinnen diskutiert. Alle Kisten liefen über den Knast. Das war einer der wesentlichen Unterschiede zur Zeit, als Haag noch draußen war. Die Briefe gingen meist mit Tesafilm zugeklebt und auch sonst noch gesichert von drinnen an das Büro. Das machte Müller, vereinzelt auch Newerla, ganz selten auch Croissant.

Von dort brachten ich oder Elisabeth sie zu den Illegalen. Das nannten wir »Postmachen«. (...) Wir gingen immer davon aus, observiert zu werden. Wir benutzten keine Wagen des Büros, sondern nur öffentliche Verkehrsmittel. Wir trugen ständig wechselnde Tarnnamen. Dellwo hatte sich einmal eine Pistole besorgt und kam bewaffnet von einem Treff; er meinte, bei diesen Gelegenheiten müsse er sich so schützen. Ausgerechnet an diesem Tag wurde Ponto ermordet, und wir hatten kaum fünf Minuten Zeit, die Waffe verschwinden zu lassen, da stand auch schon das BKA auf der Matte.«

Über die Vorbereitungen der Entführung des Arbeitgeberpräsidenten Hanns-Martin Schleyer:

»In der Woche vor Schleyer fand ein Treffen in Wuppertal statt. Daran nahmen vier aus dem Büro – ich, Wackernagel, Ralf Friedrich, P. – und Mohnhaupt und Stefan teil. Das Treffen fand im Wienerwald statt. Ich erinnere mich noch, daß sie sich verspäteten und Heidi unnötigerweise mehrfach telefonierte. Darüber gab es Streit. Ich hatte von A. eine Tasche mit Medikamenten bekommen und überbrachte sie. Im Nachhinein will ich nicht ausschließen, daß die Medikamente mit der Schleyer-Sache zu tun gehabt haben können.«

Über die Depots, in der die RAF Waffen und Material lagerten:

»1. Im Wald von Leinfelden. Dort müsste eine Tüte mit Plastikmasse liegen. Der Kram ist von Wackernagel besorgt. Wir sollten herausfinden, ob sich das Zeug zur Maskenbildung – z. B. bei der Gegenobservation – eignet. Einige Meter vom ersten Vergrabungsort soll eine weitere Plastiktüte vergraben sein. In ihr sollen sich Pfundnoten befinden. Das Geld soll nach den Angaben der Illegalen sehr heiß sein.

2. Im Asemwald in einer Schonung. Dort will X eine Plastiktüte mit Schlagzahlen, Patronen und einem Pistolenhalfter vergraben haben. Mit den Schlagzahlen sollen die Nummern auf den Waffen verändert worden sein, die in den Sicherheitstrakt der Vollzugsanstalt Stammheim gebracht worden sind. Die Methode soll Jan-Carl Raspe erdacht haben; ausgeführt wurden die Veränderungen von X in der Eierstraße. Die Waffen wurden in einen Schraubstock eingespannt. Die auf der Waffe vorhandene Zahl – z. B. 4 – wurde zunächst mit der Schlagzahl 4 kräftig nachgeschlagen. Dann wurde diese Zahl abgefräst. Sodann wurde die neue Zahl eingeschlagen, wieder abgefräst und erneut eingeschlagen. Nach dieser Behandlung soll die ursprüngliche Zahl auch nach einer mikroskopischen Untersuchung nicht mehr feststellbar sein. Ich habe X vorgehalten, daß er auf Grund dieser seiner Tätigkeit nicht ernsthaft am Selbstmord von Baader und Raspe habe zweifeln können. X antwortet, seine Zweifel seien darauf begründet, daß bisher nichts von einer dritten Waffe geschrieben worden sei. Bei den Gefangenen müsse sich noch ein Revolver Smith&Wesson Kaliber 38, vernickelt, befinden.«

DAS MÖRDERISCHE STERBEN DER RAF

Die Terroristen haben den Kampf verloren – und machen dennoch viele Jahre weiter

Im verrauchten Krisenstab in Bonn war es leicht zu sagen, was alle sagten: Wir lassen uns nicht erpressen. Es gibt keine Alternative. Wir tun nur unsere Pflicht. Aber jetzt müssen die Verteidiger des Staates nach Stuttgart – zur Trauerfeier für Hanns-Martin Schleyer, den entführten und ermordeten Arbeitgeberpräsidenten. Es wird »der emotionalste Moment des Herbstes«, wie Hans-Ulrich Klose sagt, damals Hamburgs Bürgermeister. Für alle ist es ein schwerer Gang. Sie haben Schleyer geopfert für ein höheres Gut, für die Staatsräson. Aber gibt es ein höheres Gut als das Leben?

Die Witwe verbirgt ihre Augen hinter einer dunklen Sonnenbrille. Der Bundespräsident sitzt in der Kirche St. Eberhard zu ihrer Linken; der Kanzler rechts. Selbst für Ministerpräsidenten und Parteivorsitzende bleibt an diesem 25. Oktober 1977 nur Platz in der zweiten Bankreihe. Alle sind gekommen. Walter Scheel, das Staatsoberhaupt, verneigt sich vor der Familie: »Im Namen aller deutschen Bürger bitte ich Sie, die Angehörigen von Hanns-Martin Schleyer, um Vergebung.« Aber er sagt auch, dass der Tod Schleyers »ein Einschnitt in der Geschichte der Bundesrepublik Deutschland« sei. Das Gespenst des Terrorismus soll nun endgültig vertrieben werden.

Zwei Tage später. Der Dornhaldenfriedhof in Stuttgart-Degerloch, nur wenige Kilometer von Schleyers Grab entfernt. Hier werden Gudrun Ensslin, Andreas Baader und Jan-Carl Raspe beigesetzt. Oberbürgermeister Manfred Rommel hat durchgesetzt, dass für die Terroristen, die sich in Stammheim getötet haben, Platz auf dem Gräberfeld ist – auch wenn viele aufgebrachte Bürger fürchten, dass so eine Kultstätte der RAF in ihrer Stadt entsteht. »Mit dem Tod endet jede Feindschaft«, hat der christliche Politiker entschieden. Gudrun Ensslins Fichtensarg ist mit drei Lilien geschmückt. Baaders Mutter wirft ihrem Sohn eine Rose hinterher. Es ist ein Abschied. Und eine Demo ist es auch. Ein Vermummter ruft: »In diesen Kisten wird nicht der Widerstand beerdigt.« Etwa 1000 Polizisten sichern die Veranstaltung. Nicht nur Fernsehleute filmen, sondern auch Polizisten. Die Befa – die Beobachtende Fahndung des Terroristenjägers Horst Herold – geht selbst auf dem Friedhof weiter.

In dem Film »Deutschland im Herbst«, kurz nach den Ereignissen von Alexander Kluge, Rainer Werner Fassbinder und anderen gedreht, sieht man, wie Demonstranten auf der Beerdigung der Polizei begegnen: Sie grölen »Sieg Heil«. Es gibt ein paar Rangeleien. Als alles vorbei ist, geht eine Mutter mit ihrem Kind die Straße entlang und versucht, ein Auto anzuhalten. Joan Baez singt zu dieser Schlusssequenz des Films das Lied »Here's To You«, das an zwei 1927 hingerichtete Anarchisten erinnert. Darin heißt es: »Ruhe für immer in unseren Herzen – der letzte Moment gehört dir – die Agonie ist dein Triumph.« Da klingt der Mythos an, den der Tod der Stammheimer Häftlinge begründet. Er wirkt Jahrzehnte nach. War es Mord? Selbstmord? Für die RAF ist das unendlich wichtig. Der Mordvorwurf ist ihr neues Agitationsthema – und das Zeichen dafür, dass sie sich immer weiter von der Realität löst. Zerbrechen wird sie in den neunziger Jahren auch am Streit um diese Fragen.

Als in Stuttgart die Grabreden gehalten werden, sind Schleyers Entführer auf der Flucht. Ihre Namen und Gesichter sind bekannt. Sie weichen zuerst nach Bagdad aus, später wird Paris für sie der bevorzugte Rückzugsraum. Entkommen können sie ihren Verfolgern nicht. 15 000 Hinweise gehen in wenigen Tagen bei der Polizei ein; selbst in Japan wird gefahndet. Die »Offensive '77« hat der RAF ihre »härteste Niederlage« eingebracht, wie die Gruppe Jahre später in ihrer Schrift »Guerilla, Widerstand und antiimperialistische Front« selbst eingesteht. Alles, wofür sie zu kämpfen glaubte, ist spätestens seit dem Tod der Stammheimer unerreichbar. Brigitte Mohnhaupt, Baaders Generalbevollmächtigte und Testamentsvollstreckerin, organisiert dennoch trotzig den Neuaufbau. Nur ein Vierteljahr nach Schleyers Tod beginnen RAF-Mitglieder, in der Nähe von Bonn das Haus von Außenminister Hans-Dietrich Genscher auszuspähen.

Der Albtraum ist noch nicht vorbei. Aber die Stimmung ändert sich. »Die fast hysterische Umgehensweise mit dem Thema legte sich nach 1977«, sagt der Anwalt Hans-Christian Ströbele. Walter Scheel warnt in seiner Stuttgarter Ansprache zwar noch einmal vor einem »Flächenbrand«, den der Terrorismus auslösen könnte. Doch die Untergangsszenarien, die Kriegsrhetorik, das Endzeitgefühl verschwinden fast über Nacht. Der Staat hatte sich ganz der Auseinandersetzung mit dem Terror hingegeben. Und nicht zuletzt dadurch die Handvoll Terroristen aufgewertet. Nun relativieren selbst die Wortführer der Untergangsszenarien ihre Rhetorik aus den Wochen zuvor. Golo Manns Biograf Urs Bitterli sagt, der Historiker habe sein Kriegsgeschrei hinterher bedauert und gesagt, er habe es »in einer Aufwallung von Zorn und Kummer verfasst, und da sei es ihm nicht möglich gewesen, ein seiner Natur nach neuartiges Phänomen wie den modernen Terrorismus auf den richtigen Begriff zu bringen«. Der Begriff, der jetzt der Lage und Stimmung entspricht, lautet: Ganz normale Verbrecher. »Die Vorstellung war weg, dass es eine Herausforderung des Staates sein könnte«, sagt der Hamburger Klose.

Herolds Fahnder arbeiten emsiger als je zuvor. Als Schleyer in der Gewalt der RAF war, mussten sie ihre Aktionen tarnen, um ihn nicht zu gefährden. Nun ist das Land wieder voller Straßensperren – und bald können die Ermittler Erfolge vorweisen. Etwa mit der aufwändigen Analyse der Handschriften auf den Zetteln, die damals noch alle Passagiere bei internationalen Flügen ausfüllen mussten. So geht ihnen im Mai 1978 Stefan Wisniewski auf dem Pariser Flughafen Orly ins Netz. Fast gleichzeitig werden in Zagreb Brigitte Mohnhaupt, Peter-Jürgen Boock, Sieglinde Hofmann und Rolf Clemens Wagner verhaftet. Bereits in den Monaten zuvor waren einige weniger exponierte RAF-Leute gestellt worden. Die Gruppe scheint zu zerfallen.

Der von ihr attackierte Staat erfreut sich dagegen einer Zustimmung wie nie zuvor. »Das Ergebnis für die Bundesregierung ist ein bisher unbekannter Loyalitätsbeweis seitens der Bevölkerung«, analysiert der RAF-Forscher Wolfgang Kraushaar. »Worauf das deutsche Volk so lange hat verzichten müssen, das scheint es nun endlich bekommen zu haben: Ein paar Feinde – ein bisschen Ehre.« Die Befreier der Geiseln in Mogadischu repräsentieren, lange vor dem ersten Einsatz der Bundeswehr in der Fremde, einen ungewöhnlichen Typ des deutschen Waffenträgers im Ausland – nämlich den des umjubelten Befreiers mit edelsten Motiven. Es wird »der Welt vor Augen geführt, dass die Deutschen gleichzeitig stark und menschlich sein können«, schreibt das *Wall Street Journal*. Nicht nur die Männer der GSG 9, die die »Landshut« gestürmt haben, werden gefeiert, sondern auch der Bundeskanzler. Helmut Schmidt ist auf der Höhe seiner Popularität.

Jedes Verständnis für die Terroristen und ihre Motive stößt dagegen auf heftige Ablehnung. Im Winter 1977/78 bezeichnen in einer Allensbach-Umfrage 56 Prozent der Befragten all diejenigen als »Sympathisanten«, die Mitleid mit den Terroristen haben. Gar mehr als zwei Drittel sind sich sicher: Wer auch nur gegen die Haftbedingungen protestiert, sympathisiert mit dem Terrorismus. Für ein Drittel der Bevölkerung reicht es schon aus, die Kritik der RAF an gesellschaftlichen Zuständen in Teilen richtig zu finden, um in die Sympathisantenschublade gesteckt zu werden.

Vor allem aber ist der Terrorismus nun auch bei vielen endgültig diskreditiert, die ihn lange mehr oder minder wohlwollend betrachtet haben. »'77 war ein Punkt, wo die andere Linke gesagt hat, jetzt ziehen wir uns zurück, finden uns mit dem Staat ab und machen das Beste daraus«, erinnert sich Gabriele Rollnick, die einst für die »Bewegung 2. Juni« im Untergrund war. Es entsteht eine kleine, aber sehr entschlossene Truppe, die weiter mordet. Sie ist isoliert von den neuen Bewegungen der Linken, in denen sich viele engagieren, die 1968 auf die Straße gegangen sind.

Die Grünen etwa, die in den Jahren nach 1977 aufkommen, bekennen sich mit viel Pathos zur Gewaltlosigkeit. »Damit wollte man klarmachen: Wir sind etwas ganz anderes«, sagt Ströbele. Er glaubt: »Die Tabuisierung der Gewalt kam erst durch die Eskalation.«

Ströbele ist im Januar 1978 beim »Tunix«-Kongress in Westberlin dabei. Mehr als zehntausend Menschen sind in die Technische Universität gekommen, um zu feiern und zu debattieren. Die Idee für eine linke Tageszeitung, die *taz*, nimmt hier Gestalt an. Kurz darauf gründet sich die Alternative Liste in Berlin, die zu Zeiten der Wiedervereinigung erstmals Regierungspartei sein wird. Die linke Szene versucht, sich neu zu ordnen. Auch wenn viele noch keine Ahnung haben, wohin die Reise geht, steht fest: sicher nicht in Richtung RAF. Daran ändert auch nichts, dass bei der Abschlussdemo Steine fliegen und Transparente mit der Aufschrift »Stammheim ist überall« gezeigt werden.

Die Anhänger des bewaffneten Kampfes sind nicht nur eine winzige Minderheit, sondern zudem heillos zerstritten. Ein paar einsitzende Angehörige des »2. Juni«, die sich selbst als »Revolutionäre Guerilla-Opposition aus der Konkursmasse der Bewegung 2. Juni« bezeichnen, erklären zum Kongress, warum sie die RAF so entschieden ablehnen: »Wir haben alle und immer gesagt, die Aktion und Politik der Guerilla richtet sich niemals gegen das Volk, immer gegen die Herrschenden. Aber: wer sitzt da eigentlich in den Urlauber-Maschinen der Billigst-Route nach Mallorca?«

Das vorherrschende Gefühl der radikalen Linken ist: Wir steigen aus dem »Modell Deutschland« aus. In der Folge entstehen unzählige linke Initiativen. Sie wollen eher anders leben, als den Staat zerstören. »Das Bier ist uns zu schal und auch die spießige Moral«, jammern die Spontis beim »Tunix«-Spektakel. »Wir woll'n nicht mehr immer dieselbe Arbeit tun, immer die gleichen Gesichter zieh'n. Sie haben uns genug kommandiert, die Gedanken kontrolliert, die Ideen, die Wohnung, die Pässe, die Fresse poliert. Wir lassen uns nicht mehr einmachen und kleinmachen und gleichmachen.« Ihre Schlussfolgerung klingt wenig revolutionär: »Wir hauen alle ab! ... zum Strand von Tunix.«

Die Komitees gegen die Haftbedingungen arbeiten zwar nach 1977 weiter und vor allem in der Auseinandersetzung um die Atomkraft kommt es zu heftigen Auseinandersetzungen zwischen Staat und Demonstranten – aber wirklich bedroht fühlen muss sich die Republik nicht mehr. Wie beim »2. Juni« nimmt auch bei der RAF die Zahl der Abtrünnigen und Aussteiger zu.

Dass die RAF nach 1977 überhaupt weiterexistiert, verdankt sie den jugoslawischen Behörden. Die wollen für die geschnappten Terroristen ein paar nach Deutschland geflohene Dissidenten haben – aber die Bundesrepublik macht bei dem Deal nicht mit, wie sich ein Beteiligter erinnert. So kommen Brigitte Mohnhaupt und die anderen Terroristen im November 1978 nach nur wenigen Monaten Haft wieder frei. Sie lassen sich in den Jemen ausfliegen. In einem Lager der PFLP-SC, der Volksfront zur Befreiung Palästinas, will die neue Führungsfrau versuchen, die Gruppe neu zu organisieren. Erst mal werden die aus Europa angereisten Genossen dafür von ihr zusammengestaucht. Die kleine, zähe Kämpferin muss ihren Machtanspruch behaupten. Als die RAF-Leute nach Europa zurückkehren, sind sie entschlossen, einen neuen, spektakulären Anschlag zu verüben. Vorbereitungen dafür laufen bereits seit Monaten. Der Oberkommandierende der Nato in Europa, US-General Alexander Haig, soll getötet werden. Haig fährt jeden Morgen mit seinem Wagen zum Nato-Hauptquartier in Brüssel. In die Fahrbahn einer Brücke auf dem Weg dorthin buddelt die RAF einen Tunnel, in dem sie 20 Kilogramm Plastiksprengstoff versteckt. Als Haigs Wagen dort am Morgen des 25. Juni 1979 vorbeikommt, löst Rolf Clemens Wagner die Bombe aus. Sie reißt einen riesigen Krater in die Straße – allerdings erst einen Wimpernschlag nachdem Haigs Auto die Stelle passiert hat. Das »Kommando Andreas Baader« erklärt dazu: »Die Zündung wurde über ein 200 m langes Elektrokabel in dem Moment ausgelöst, als Haigs Mercedes mit der Vordertür auf der Höhe der Ladung war. Wir hatten vorher ausgerechnet, dass sich sein Wagen zwei Meter in der Zehntelsekunde bewegt. Unser Fehler war, dass wir dachten, die Explosion auch bei einer so hohen Geschwindigkeit noch exakt genug mit der Hand auslösen zu können.« Haig bleibt unverletzt. Und die RAF, deren Aktionen in den Jahren zuvor oft dilettantisch ausgeführt worden waren, zeigt, wie sie sich geändert hat: »Die Aktionen wurden immer härter, die Reflexionen immer schwächer«, sagt später Lutz Taufer, der 1975 beim Überfall auf die deutsche Botschaft in Stockholm dabei war.

Für eine neue Entführung fehlt der RAF die Kraft. Sie ist geschwächt – und der Staat hat massiv aufgerüstet. Das Personal des Bundeskriminalamts steigt allein von 1970 bis 1980 von 1211 auf 3339 Mitarbeiter. Beim Verfassungsschutz sind 1980 ebenfalls fast zwei Drittel mehr Menschen beschäftigt als zehn Jahre zuvor, bei den Länderpolizeien kamen 43 Prozent hinzu. Fritz Teufel, der alte Kommunarde und Trabant des »2. Juni«, verspottet den BKA-Chef Herold zwar als »Computer-bewaffneten Geistesriesen aus Wiesbaden« – aber genauso wie Herold seine Gegner ernst nimmt, so fürchten auch die Terroristen seine Fahndungsmaschine.

Immer öfter hören sie in den Nachrichten, dass es einen aus ihrer Gruppe erwischt hat: Noch vor dem Haig-Attentat wird Elisabeth van Dyck in Nürnberg erschossen. Die tödliche Kugel trifft die 28-jährige Frau laut Obduktionsbericht in den Rücken. Sie habe bei der Festnahme eine Waffe gezogen, sagt Einsatzleiter Erwin Hösl vom bayerischen Landeskriminalamt. Im Angehörigen-Info der RAF heißt es dagegen, sie sei »im Rahmen der staatlichen Killfahndung« getötet worden. Auf beiden Seiten sitzen die Waffen locker: Die RAF-Leute sind darauf gedrillt, sofort zu schießen. Und die Polizisten gehen kein Risiko ein. Rolf Heißler wird kurz nach van Dycks Tod durch einen Kopfschuss schwer verletzt. In Paris, das lange als relativ sicher gilt, wird Sieglinde Hofmann gemeinsam mit vier Genossinnen der »Bewegung 2. Juni« gestellt.

Brigitte Mohnhaupt, die RAF-Anführerin, hat nur noch eine Handvoll Kämpfer – und kein Geld. Statt nach dem Anschlag auf Haig neue Aktionen zu planen, sind die Terroristen mit »Enteignungsaktionen« beschäftigt. In der Züricher Bahnhofstraße etwa rauben sie 1979 eine Bank aus. Doch wieder wandert einer der verbliebenen Aktivisten in den Knast: Wagner, der die Bombe gezündet hat, die Alexander Haig töten sollte, und bei der Schleyer-Entführung dabei war. Er steht mit Schal und braunem Sakko an einer Bushaltestelle und wartet auf die Linie 13, als die Polizei ihn erwischt. In ein paar hundert Meter Entfernung wird geschossen. Wagners Komplizen feuern auf die sie verfolgenden Polizisten. Die 56-jährige Edith Kletzhändler, die nur einen Schaufensterbummel machen wollte, bricht tödlich getroffen zusammen. RAF-Führungsmann Christian Klar und seine Helfer kommen davon – mit über 200 000 Schweizer Franken aus der Beute. Neben Wagner wird eine unscheinbare Tasche gefunden – darin weitere 335 000 Franken, die dem revolutionären Kampf dienen sollten.

Das Leben im Untergrund, bei vielen anfangs mit romantischen Vorstellungen verbunden, ist zur permanenten Flucht geworden. Ruhe finden die RAF-Leute nur noch außerhalb Deutschlands. Doch selbst im scheinbar sicheren sozialistischen Ausland ist es längst ungemütlich geworden. Als in Bulgarien im Juni 1978 vier deutsche Terroristen überwältigt werden – darunter der kurz zuvor aus dem Moabiter Gefängnis befreite »2. Juni«-Mann Till Meyer und Gabriele Rollnick –, scheint es in Europa keinen sicheren Zufluchtsort mehr zu geben. Die ehemalige Angehörige von »2. Juni« und RAF, Inge Viett, empört sich in ihrer Autobiografie: »Die bulgarische Regierung hat der imperialistischen BRD auf dem Hoheitsgebiet der Warschauer Vertragsstaaten Polizeigewalt eingeräumt.« Das sei einmalig und ungeheuerlich. Viett, die damals selbst in Bulgarien ist, läuft mit ihren verbliebenen Genossen am nächsten Tag zur Polizei, um die Pässe abzuholen und dann zu fliehen. Sie erzählt eine Geschichte, die nicht nachprüfbar, aber zumindest gut erfunden ist: Der Beamte, der die Dokumente herausgibt, habe gesagt, sein Land sei arm und die sozialistischen Kräfte schwach. »Schwäche macht käuflich.« Wie der Deal um die Polizeiaktion in Bulgarien wirklich lief, berichtet ein Veteran der deutschen Sicherheitsbehörden: Über Bulgarien seien in Deutschland geklaute Autos in den Nahen Osten verschoben worden. Um das zu stoppen, hätten die Deutschen den sozialistischen Kollegen empfohlen, die Autos – meist Mercedes und BMW – zu beschlagnahmen und einfach zu behalten. Das habe die Kommunisten dankbar und kooperativ gestimmt.

Viett, Ina Siepmann und Regina Nicolai werden nach der Flucht aus Bulgarien in Prag festgenommen. Am dritten Tag sagt Viett: »Liefern Sie uns aus, aber an das sozialistische Deutschland.« Die Stasi verhört sie viele Tage lang und lässt sie dann nach Bagdad ausfliegen. Bei Bedarf könnten sie sich ja wieder melden.

Der Kontakt zum »2. Juni« sorgt zumindest dafür, dass die Geldsorgen der RAF gelöst werden. Mehrere Millionen Mark aus der Entführung des österreichischen Strumpf- und Dessoushändlers Walter Palmers bringen die Genossen bei der Fusion mit. Ideologische Differenzen werden eingeebnet. Einst galten die lebenslustigen Guerrilleros vom »2. Juni« der RAF als Hallodris; jetzt üben die Reste der Gruppe in bester Tradition der Erben von Baader und Ensslin Selbstkritik. Fritz Teufel und andere werden als »pervertierte Spaßguerilla« niedergemacht; »Spaltung, Konkurrenz und Desorientierung unter den Linken« habe die Bewegung hervorgerufen. Jetzt soll alles anders werden. Gezeichnet: »Einheit im antiimperialistischen bewaffneten Kampf. Zum letzten Mal: ›Bewegung 2. Juni‹.« Das ist die Sprache der RAF – sie hat den Text, gemeinsam mit Juliane Plambeck, die neuerdings den RAF-Mann Wolfgang Beer liebt, verfasst. Nur wenige Wochen später kommt das Paar bei einem ganz normalen Verkehrsunfall ums Leben. Als Inge Viett – die letzte in Freiheit lebende »2. Juni«-Kämpferin – die Erklärung liest, steigt ihr die »Schamröte ins Gesicht«: »Was für Phrasen der Selbstverleugnung«, kritisiert sie später.

Das Verhältnis zwischen Viett und den anderen bleibt gespannt. Aber sie wird gebraucht, als Kontaktfrau zur DDR. Das sozialistische Deutschland soll dabei helfen, müden Kämpfern den Ausstieg zu ermöglichen. Ein RAF-Mitglied nach dem anderen hat die Waffe niedergelegt, mürbe und ausgelaugt vom Leben im Untergrund, frustriert von der Sinnlosigkeit des Kampfes. Viett reist 1980 in die DDR. Die Codes zur Kontaktaufnahme, die ihr beim Zwangsaufenthalt zuvor der Stasi-Mann Harry genannt hat, hat sie längst vergessen. »So rufe ich in Ostberlin schnurstracks die öffentliche Telefonnummer des Ministeriums für Staatssicherheit an«, erinnert sie sich. »Sehr simpel, und es funktionierte sofort.« Die Geheimdienst-Bürokraten in der DDR stecken in der Klemme: Einerseits wollen sie die in den Jahren zuvor erworbene internationale Anerkennung ihres Staates nicht gefährden. Die Sowjetunion ist gerade in Afghanistan einmarschiert. In Westdeutschland beginnt die Debatte um den Beschluss der

Nato, neue Mittelstreckenraketen als Antwort auf ähnliche Waffen der Sowjetunion zu stationieren. Und dann sind auch noch Wahlen – bei denen setzt die DDR ausgerechnet auf einen Sieg von Helmut Schmidt, dem Lieblingsgegner der RAF. Aber: Die Feinde des Imperialismus sind irgendwie trotz allem Freunde für die deutschen Kommunisten – auch wenn sie deren Taten und Ideologie ablehnen. »So, so, acht Leute«, sagt Harry. Und dann: »Solidarität ist doch unsere erste Pflicht.«

Schon von Gründung der RAF an hat der ostdeutsche Staat nichts getan, um den Westkollegen bei der Fahndung zu helfen. Im Gegenteil. Schon als nach der Befreiung Andreas Baaders aus der Haft im Sommer 1970 die Jungterroristen der RAF von Westberlin zum Training in den Nahen Osten reisen wollten, konnten sie den Ostberliner Flughafen Schönefeld unbehelligt nutzen.

Zehn Jahre später treiben Stasi-Harry und Kollegen den müden Revolutionären der zweiten RAF-Generation erst mal ihre Flausen von einem neuen Leben in Afrika aus. Sie bekommen fingierte Lebensläufe und werden unter falschem Namen in die DDR eingebürgert. Susanne Albrecht, die die Tür zu Jürgen Pontos Villa öffnete, heißt jetzt Ingrid Jäger; Sigrid Sternebeck, die viele Jahre später wegen der Beteiligung an der Schleyer-Entführung verurteilt wird, steht nun jeden Morgen früh auf, um in einem Schwedter Dienstleistungskombinat zu arbeiten. Insgesamt acht RAF-Aussteiger beginnen so 1980 ein neues Leben. Später kommen Inge Viett und Henning Beer hinzu.

Aber auch zu den weiter aktiven RAF-Kadern hält die Stasi Kontakt. Wie Tobias Wunschik von der Stasi-Unterlagenbehörde recherchiert hat, trafen sich die ungleichen

Revolutionäre regelmäßig in der Zeit von 1980 bis 1982. Das Ministerium für Staatssicherheit liefert Informationen über die Aktivitäten der westdeutschen Fahnder. Vor dem Anschlag auf den US-General Frederik Kroesen im September 1981 trainieren Untergrundkämpfer in der DDR. Das ist »der Höhepunkt der Kooperation«, so Wunschik. Die Terroristen üben an volkseigenem Gerät, wie man eine Panzerfaust bedient. Mit einer solchen Waffe feuert Christian Klar später auf Kroesen – sie schlägt im Heck seines gepanzerten Mercedes ein. Der Vier-Sterne-General und seine Begleiter kommen mit Glück davon.

Aus der 1977 aktiven RAF-Generation sind nur noch wenige übrig. Klar gehört dazu, seine Freundin Adelheid Schulz, Mohnhaupt natürlich. Alle drei werden innerhalb weniger Tage im November 1982 gestellt. Mit Colt, Fernglas und Schaufel nähert sich Klar östlich von Hamburg im Sachsenwald einem Erddepot der Gruppe. Als Beamte aus den Verstecken springen, von denen aus sie den RAF-Schatz observiert haben, lässt er sich ohne Widerstand festnehmen. Die Waffe an seinem Gürtel bleibt stecken. Generalbundesanwalt Kurt Rebmann sagt später, der Topterrorist habe »erstaunliche Fehler« gemacht. Denn die Codes für die Lage der Depots waren von den Ermittlern geknackt worden. Rebmann: »Niemals hätte er das Versteck aufsuchen dürfen.« Klar, seit sechs Jahren im Untergrund, ist offenbar am Ende seiner Kraft. In dem Erdloch finden die Polizisten Waffen, Geld, Ausweise – alles, was die Gruppe braucht.

Nur fünf Tage zuvor waren Mohnhaupt und Schulz gestellt worden, als sie sich in einem Wald bei Offenbach ebenfalls an einem Erddepot der Gruppe zu schaffen machten. Für sie alle werden ein paar Pilzsucher zum Verhängnis, die im Frankfurter Stadtwald ein RAF-Versteck entdeckten, in dem Hinweise auf die gesamte Logistik der Gruppe verborgen waren. In den Notizen stehen verschlüsselte Wegbeschreibungen wie »Kerbe an vier Bäumen«, dazu Reihen von Zahlen und Buchstaben, die die BKA-Experten in mühevoller Kleinarbeit entschlüsseln können. Ihre Kollegen von Polizei, GSG 9 und Mobilen Einsatzkommandos legen sich auf die Lauer und müssen nur warten, bis die Besitzer der Depots auftauchen.

Nach der Festnahme von Klar klingelt bei Horst Herold, dem inzwischen pensionierte BKA-Chef, das Telefon. Die Mitstreiter von einst erstatten Bericht. »Die alte RAF ist 1982 zu Ende gegangen«, sagt er wenig später dem *Spiegel.* »Aber eine neue Terroristengeneration wird sie ablösen.« Der alte Kriminalist behält recht – mit beiden Aussagen.

Die RAF von 1977 gibt es fünf Jahre später nicht mehr. Die Täter sind verhaftet, bei der Festnahme erschossen oder in der DDR untergetaucht, wo sie 1990 enttarnt werden. Die letzten Veteranen aus den RAF-Anfangstagen wie Helmut Pohl, der 1977 im Gefängnis saß, werden in den folgenden Jahren festgesetzt. In den Haftanstalten kämpfen die Verurteilten weiter um bessere Lebensbedingungen – auch mit dem Hungerstreik, der noch Anfang der siebziger Jahre eine so scharfe Waffe zu sein schien. Aber die Effekte, die sie damit erzielen können, schwinden. So erzeugt der Hungertod von Sigurd Debus, einem Gefangenen aus dem RAF-Umfeld, 1981 bei weitem nicht die öffentliche Aufmerksamkeit und Erregung wie das Sterben von Holger Meins 1974.

Die »alte RAF«, wie Herold sie nennt, war vor allem durch ihre öffentliche Wirkung gekennzeichnet. Während sie vorgab, im Untergrund für eine Änderung des Systems zu kämpfen, hat sich die Gesellschaft tatsächlich geändert. Eher trotz als wegen der RAF. Der Terrorismusforscher Klaus Weinhauer analysiert, der »Deutsche Herbst« 1977 markiere »auch einen Neuanfang«. Bis dahin sei es relativ problemlos gelungen, die polizeilichen Überwachungs-, Kontroll- und Datensammelambitionen in einem bislang unbekannten Maße auszuweiten. Erste Zweifel an der polizeilichen Sammelwut, wie sie bei der Abhöraffäre um den Atomwissenschaftler Traube im Frühjahr 1977 entstanden seien, seien »durch die Anschläge der RAF überlagert worden«. Letztlich haben sie sich aber doch durchgesetzt.

Helmut Schmidt, der die Krisen des Jahres 1977 gemeistert hat, stürzt im Herbst 1982, wenige Wochen bevor Klar und Mohnhaupt verhaftet werden. Ihm fehlt die Sensibilität für den Stimmungswandel in der Gesellschaft und seiner eigenen Partei, der SPD. In den letzten Regierungsjahren der sozialliberalen Koalition demonstrieren Hunderttausende gegen die Stationierung neuer Raketen, um die Atomenergie wird erbittert gestritten und erstmals in der Geschichte der Bundesrepublik entsteht eine neue Partei, die mehr ist als bloße Protestbewegung: Die Grünen, die sich nicht zuletzt auf das Erbe von 1968 berufen.

Schmidt sieht sich mit zunehmender Sorge vor einem übermächtigen Staat konfrontiert. *1984* – der Titel des Romans von George Orwell – scheint vielen nahe. In seinem 1949 erschienenen Buch beschreibt Orwell eine

Horrorvision aus dem damals weit entfernten Jahr 1984:
das totale Überwachungsregime. Mit einem solchen Sze-
nario hat die Bundesrepublik von 1980 oder 1982 nichts
zu tun. Doch damals wirkt die Gefahr real. Horst Herold
wird 1981 auch aus dem Amt getrieben, weil der unermüd-
liche Datensammler als Gefahr für die individuellen Frei-
heiten wahrgenommen wird. Er empfindet das als unge-
recht – doch gegen den Zeitgeist hat er keine Chance.

Die versprengten Reste der RAF, später dritte Generation genannt, suchen verzweifelt nach einer neuen Rolle.
Ihnen fehlt alles: Logistik, Leute und, mehr noch, so etwas
wie ein Konzept. Im Mai 1982 hatte die RAF, damals noch
mit Mohnhaupt und Klar, verkündet, es sei nun Zeit, »einen neuen Abschnitt in der revolutionären Strategie im
imperialistischen Zentrum zu entfalten«. Alle sollen mit-
machen, die noch übrig sind. Also nicht nur die seit jeher
elitäre RAF, sondern auch die Freizeitguerrilleros der Revolutionären Zellen und der übrige »Widerstand« – und
zwar »quer durch alle Gegenden und Szenen«. Zudem
wird der Schulterschluss mit anderen westeuropäischen
Terrororganisationen gesucht. Mit der Verzweiflung
steigt die Brutalität. Ein »Kommando Patsy O'Hara« – benannt nach einem irischen Terroristen, der im Hungerstreik gestorben war – tötet 1985 in Gauting südlich von
München den Chef der Maschinen- und Turbinenunion
(MTU), Ernst Zimmermann. Inszeniert wird der Mord
als Hinrichtung: Zimmermann wird gefesselt, auf einen
Stuhl gesetzt, dann feuert der selbst ernannte Henker aus
kurzer Entfernung in den Hinterkopf.

Kurz darauf gehen die neuen Kräfte der RAF so weit,
dass es selbst die Altvorderen in den Gefängnissen ver-

stört: Nur um seinen Ausweis in die Hand zu bekommen, wird der einfache US-Soldat Edward Pimental in ein Waldstück gelockt und per Genickschuss getötet. Der 20-Jährige hatte sich in der Wiesbadener Disco »Western Saloon« von einer RAF-Frau abschleppen lassen. Wenige Stunden später ist er tot, und auf der Rhein-Main Air Base der US-Streitkräfte detoniert eine gewaltige Bombe. Sie reißt zwei weitere Menschen in den Tod.

Als Irmgard Möller, die 1977 die Todesnacht von Stammheim überlebte, von dem Mord an dem amerikanischen Jungen hört, kann sie nicht glauben, dass die Nachrichten stimmen. Im Lübecker Knast hätten sich inhaftierte RAF-Leute aus dem Fenster zugerufen, es handele sich um eine Verschwörung, die der Gruppe schaden solle. »Als sich dann herausstellte, dass es keine Geheimdienstaktion war, konnten wir das erst gar nicht fassen.« Die Täter lassen die Kritik aus der linken Szene erst abprallen und erklären den kleinen GI Pimental zum »Spezialisten der Flugabwehr«. Sie beteuern: »Für uns sind die US-Soldaten in der BRD nicht Täter und Opfer zugleich, wir haben nicht diesen verklärten, sozialarbeiterischen Blick auf sie.« Später räumen sie zwar ein, dass der Mord ein Fehler war. Aber spätestens da sind die verbliebenen RAF-Kämpfer auch im eigenen Umfeld höchst umstritten. In ihren Erklärungen betonen sie, gemeinsam mit der französischen Action Directe zu handeln; von einer westeuropäischen Front gegen den Imperialismus träumen sie. Aber die Reaktionen bleiben, anders als 1977, verhalten. Selbst CSU-Innenminister Friedrich Zimmermann spricht nur von einem »Aufflackern« des Terrorismus. Die RAF-Kader sind »zurückgeworfen auf den Status einer winzigen und isolierten Gruppe von ›Guerilla-kämpfern ohne Krieg‹, da ihnen niemand mehr den Gefallen tat, sie als Kriegsfeind anzuerkennen«, wie der Linguist Andreas Musolff schreibt.

Sie handeln technisch raffinierter als ihre Vorgänger, hinterlassen keine Fingerabdrücke und offenbar kennt sie auch kaum jemand. Das Morden geht in schneller Folge weiter: Der Siemens-Manager Karl Heinz Beckurts wird 1986 gemeinsam mit seinem Fahrer durch eine Sprengfalle getötet; wenige Monate später der Diplomat Gerold von Braunmühl auf offener Straße erschossen. Am 30. November 1989 – mitten im Politchaos nach dem Mauerfall – rollt der schwere Mercedes des Chefs der Deutschen Bank, Alfred Herrhausen, in eine Lichtschranke auf dem Seedammweg in Bad Homburg. Die Bombe zerreißt das Fahrzeug, tötet den Bankier. Sein Chauffeur wird verletzt. Herrhausen galt als einer der am besten geschützten Männer der Republik. BKA-Abteilungsleiter Wolfgang Steinke mutmaßt, dass die Täter diese Botschaft verbreiten wollten: »Wir können, wenn wir wollen, uns ausnahmslos jeden herausgreifen und erledigen.« Machtfantasien und Ohnmacht liegen dicht beieinander. Die Untergrunddesperados bomben und morden; aber Erfolge – selbst wenn man sich ihre verquere Logik zu eigen macht – haben sie nicht. Mit dem Zusammenbruch des Warschauer Pakts kollabieren dann auch noch ihre Lebenslügen. Die Terrorrentner in der DDR werden verhaftet – und plaudern, um lange Haftstrafen zu vermeiden. Sie räumen auf mit der Legende, dass die Toten von Stammheim ermordet wurden. »Suicide Action« ist das Stichwort.

In den Haftanstalten bröckelt die Entschlossenheit,

bis zum Äußersten zu gehen, die das Kennzeichen der früheren Jahre war. 1989 führen die Häftlinge einen Hungerstreik, bei dem von Anfang an klar ist, dass er eben nicht bis zum Tod durchgehalten werden soll. Es geht auch nicht mehr um die alte Forderung der Zusammenlegung, sondern darum, einen Dialog in Gang zu bringen. Die alten Konzepte – das »Frontkonzept« von Anfang der achtziger Jahre eingeschlossen – erscheinen nun selbst den verbliebenen Kämpfern aussichtslos.

Doch noch einmal töten sie gezielt einen Repräsentanten von Politik und Wirtschaft: Den Chef der Treuhandanstalt, Detlev Karsten Rohwedder. In seinem Düsseldorfer Haus trifft ihn im April 1991 eine Kugel in den Rücken, als er an ein beleuchtetes Fenster tritt. Seine Frau Hergard wird schwer verletzt.

Es ist eine Verzweiflungstat. Die RAF ist – mehr als zwei Jahrzehnte nach ihrer Gründung – am Ende. 1992 gesteht sie ein, dass es »nicht mehr so weitergehen kann wie bisher«. Die Antwort der RAF auf ihre Krise lautet, wenn man ihre Revolutionslyrik abzieht: Schluss mit dem Morden. Nur eine kleine Gruppe in den Gefängnissen wehrt sich gegen den »Deal mit dem Staat« – wie sie die Aufgabe des Kampfes nennen.

Wie Baader, Meinhof und Ensslin wollten auch ihre Erben immer Avantgarde sein. Andere militante Linke in Deutschland akzeptierten sie nie als gleichberechtigte Partner. Jetzt schwenken sie auf die Strategie der »Revolutionären Zellen« ein, nicht Menschen, sondern Objekte anzugreifen – nur ein bisschen bombastischer soll alles sein. Eine gigantische Detonation zerstört im März 1993 den Gefängnisneubau im hessischen Weiterstadt. Der

Sachschaden ist gewaltig. Menschen werden nicht verletzt. Es ist die letzte große Aktion der RAF.

Drei Monate später stellt die GSG 9 auf dem mecklenburgischen Kleinstadtbahnhof Bad Kleinen die Terroristen Wolfgang Grams und Birgit Hogefeld. Grams und der GSG 9-Beamte Michael Newrzella sterben bei einer Schießerei auf dem Bahnsteig. Die Behörden tricksen und täuschen danach bei der öffentlichen Darstellung des Vorfalls – und so bleiben lange Zweifel an der offiziellen Version, dass Grams sich selbst erschossen hat. Innenminister Rudolf Seiters muss gehen, genauso wie Generalbundesanwalt Alexander von Stahl – ein letztes Mal hat die RAF das politische Establishment durcheinandergeschüttelt. Eher unfreiwillig und durch Zufall. So unkontrolliert und ungeplant wie die Geschichte der RAF bei Baaders Befreiung 1970 begann, geht sie zu Ende. Die offizielle Auflösungserklärung der Gruppe aus dem Jahr 1998 bestätigt nur, was seit Jahren klar ist: Die RAF ist Vergangenheit.

Was bleibt, sind ungelöste Kriminalfälle. Anders als in den Siebzigern, als die Täter oft unmittelbar nach der Tat bekannt waren, tappt die Polizei bei den letzten Anschlägen der Gruppe im Dunkeln. Keiner der Morde der dritten RAF-Generation ist aufgeklärt. Erst viele Jahre nach den Schüssen auf Rohwedder ergibt die DNA-Analyse eines gefundenen Haares, dass der RAF-Mann Wolfgang Grams offenbar am Tatort war. Viele seiner einstigen Genossen sind bis heute unbekannt. Vermutlich leben sie unerkannt in Deutschland.

Die überlebenden Täter der ersten und zweiten Generation sind heute fast alle auf freiem Fuß. Nach langen Haftstrafen kehrten sie zurück in eine Gesellschaft, die ihnen einst unerträglich war. Sie müssen lernen, in einem Land zurechtzukommen, das sich schnell verändert hat. Als etwa der Stockholm-Attentäter Karl-Heinz Dellwo 1996 nach über 20 Jahren freikommt, scheitert er bei dem Versuch, sich einen Supermarktwagen aus der Schlange zu ziehen – das System mit der Pfandmünze hat er noch nie gesehen.

Die meisten bleiben radikale Linke – an den bewaffneten Kampf in den westlichen Metropolen aber glaubt kaum noch einer von ihnen. Nach der Freilassung von Brigitte Mohnhaupt sind Christian Klar, Eva Haule und Birgit Hogefeld die letzten vier Gefangenen aus der RAF. Ein Wort des Bedauerns für die Opfer und ihre Hinterbliebenen fehlt in der Auflösungserklärung der RAF von 1998.

In seiner Bilanz der RAF-Jahre zählt Horst Herold auf: »67 Tote und 230 zum Teil schwer verletzte Menschen auf beiden Seiten. 500 Millionen Mark Sachschaden. Viele Milliarden Mark Kosten zur Bekämpfung der RAF. 31 Banküberfälle; Beute: sieben Millionen Mark. 104 von der Polizei entdeckte konspirative Wohnungen. 180 gestohlene PKW, dazu über eine Million Asservate – Geld, Waffen, Sprengstoff, Ausweise. Elf Millionen Blatt Ermittlungsakten. 517 Personen verurteilt wegen Mitgliedschaft in einer terroristischen Vereinigung, 914 verurteilt wegen deren Unterstützung.«

Im Jahr 1977 hat die RAF den Staat herausgefordert. Und eine Niederlage erlitten, von der sie sich nicht mehr erholt hat; auch wenn danach noch viele Menschen durch ihren wahnsinnigen Kampf sterben mussten. Der

Staat hat gezeigt, dass er sich nicht erpressen lässt. Die RAF hat – auch wenn sie das Gegenteil wollte – gezeigt, dass Mord, Bomben und Geiselnahmen kein Mittel der politischen Auseinandersetzung sein können. Ein Fall für die Historiker also? Noch nicht ganz. Als in Berlin vor zwei Jahren eine Ausstellung über die RAF gezeigt wurde, löste sie heftige Reaktionen aus – unter anderem von den Angehörigen der Opfer, die stets weniger Beachtung gefunden haben als die Täter. Wolfgang Kraushaar, der Terrorismus-Forscher, schrieb damals, die Republik sei weit davon entfernt, die Gewaltszenarien verarbeitet zu haben: »Gewiss, die RAF ist längst untergegangen und ein Teil der bundesdeutschen Geschichte geworden. Zugleich scheint aber immer noch ein Gespenst gleichen Namens durchs Land zu ziehen.«

 # Die Revolution wird chic

Eine Landstraße, ein kleiner See. Baader lehnt an dem geklauten BMW, er macht ffft, wenn er den Zigarettenqualm ausbläst. Es sieht sehr lässig aus, wie er über die Stadtguerilla doziert und seine Knarre aus der Manteltasche holt; und die Kleine in ihrem Ringel-T-Shirt, die schaut ihn an, als wäre er Jimmy Morrison. »Du bist der Baader, stimmt's?« Er zieht an seiner Kippe, ffft, die Ray Ban verdeckt seine Augen. »Ich bin der Baader.« Da bekommt sie ganz leuchtende Augen und sagt: »Wow.« Mehr nicht, mehr müssen Groupies auch nicht sagen. Hauptsache, sie tragen keinen BH.

Christopher Roth, der mit seinem Film »Baader« 2002 an der Berlinale teilgenommen hat, sagt, Baader sei ja echt ein Rocker gewesen, und so sieht sein Film dann auch aus: ein bisschen Rock 'n' Roll, ein paar hübsche junge Leute sagen Sätzchen über die Revolution auf. Drogen, schnelle Autos, geklautes Geld – wild, wild life. Roth schrieb dazu in der *Süddeutschen Zeitung*: »Andreas Baader hat bis zu seiner Verhaftung 1972 einen riesigen Film entworfen, mit ihm selbst und Gudrun Ensslin als seiner Geliebten in den Hauptrollen.« In diesem Verständnis hat Roth diesen Film inszeniert, Retro-Style und in der Ästhetik ein Crossover aus Derrick und MTV, und seinem Hero gönnt er statt des quälend langatmigen Endes in einer Stammheimer Knastzelle den Heldentod im Kugelhagel.

Ob Kids irgendwann Shirts mit Baaders Gesicht vorne drauf tragen? Vielleicht wird er noch zum Posterboy im Kinderzimmer, »ein Fahndungsposterboy« (Robert Misik), weil der gute alte Che Guevara irgendwie zu mainstreamig geworden ist. In den letzten zehn Jahren hat die Popkultur auf erstaunliche Weise zu Mythen und – das vor allem – Merchandising rund um den deutschen Terrorismus beigetragen.

Film, Literatur, Kunst und Mode machen aus der RAF eine virile Desperado-Gang, vor allem Andreas Baader steht dabei im Fokus der Verklärung. Für Zuspätgeborene ist Baader die ideale Projektionsfläche für militante Machtfantasien und Revolutionsromantik. Rein biografisch ein verwöhntes Muttersöhnchen, wird Baader in Retrospektive zu einem abgründigen Beau wie Marlon Brando stilisiert, der seine James-Dean-hafte Todessehnsucht mit Höchstgeschwindigkeit dem vorherbestimmten Ende entgegentrieb.

Die Popkultur löst das Morden der RAF aus ihrem eigentlichen Kontext heraus und leitet daraus einen reinen Gestus des Rebellischen ab. Mythos RAF. Genau das ist auch in Christopher Roths Film das dominante Motiv. Natürlich ist der fiktionale Film nicht der korrekten Historisierung verpflichtet, aber Roth verzichtet völlig auf eine Meinung. Vielleicht, weil er keine hat.

Es gibt seit der Jahrtausendwende so etwas wie eine Boomphase des RAF-Films, und es waren auch wunderbare Werke darunter. Volker Schlöndorffs »Stille nach dem Schuss«, Christian Petzolds »Innere Sicherheit« oder »Black Box BRD« von Andreas Veiel setzen sich psychologisierend mit ihrem Sujet auseinander; sie beschreiben die Lebenswege in den militanten Untergrund oder den Versuch, der Vergangenheit zu entkommen; sie bemühen sich, den Figuren nahe zu kommen, um das Morden begreifbarer zu machen. Nicht alle, die sich an der RAF abarbeiten, liefern nur schöne, ahistorische Bilder.

Aber ganz offensichtlich besteht in Zeiten politischer Agonie, in denen Studenten nicht mal mehr gegen Studiengebühren aufbegehren, ein Bedarf nach mythischen

Figuren des Widerstands. Nicht anders ist es zu verstehen, wenn der Hamburger Hip-Hoper Jan Delay in seinem Song »Söhne Stammheims« singt: »Nun kämpfen die Menschen nur noch für Hunde und Benzin/folgen Jürgen und Zlatko und nicht mehr Baader und Ensslin.« Die RAF als Gegenprogramm zu »Big Brother«?

Der Umgang der Popkultur mit der RAF wird davon geprägt, dass Ideen, Zitate, Embleme aus ihren Kontexten gelöst und in neue Zusammenhänge gesetzt werden. In der Mode hat die banale Assoziationskettenlogik zu einer Einheit von Revolte und Avantgarde geführt. Radical chic gilt nicht erst seit der Allgegenwart der Camouflagehose als hip. Und nachdem 1999 die Macher der Londoner Kunstausstellung »Crash!« einen Begleittext mit dem Titel »Prada-Meinhof« überschrieben, dauerte es nicht mehr lange, bis ein inzwischen eingestelltes Lifestyle-Heftchen namens *Tussi Deluxe* eine Modestrecke inszenierte – als Remake alter Pressefotos aus dem »Deutschen Herbst«. Die wiederauferstandene Punkband DAF hat ein Lied wie als Soundtrack dazu geliefert – es heißt »Moschino, Heckler und Koch«, und Gabi Delgado-Lopez singt: »Verbrechen ist schön, Verbrechen ist sexy.«

Das Hamburger Label Mägde und Knechte druckte den Prada-Meinhof-Schriftzug auf Feinripp-Unterhemden, das RAF-Emblem verlieh besserverdienenden Konsumterroristen die nötige Heldenpose und den Anarcho-Glamour. So lustig war das damals in jener fröhlichen Zeit der Vor-9/11-Ära, als es noch die Spaßgesellschaft gab. Knapp 40 Jahre nach dem Brand auf der Frankfurter Zeil sind Baader und Ensslin wieder da angekommen, wo alles anfing: im Kaufhaus. Nur unter umgekehrten Vorzeichen.

Aber ist in Wahrheit die RAF nicht selbst Pop gewesen? In der *taz* nennt die Autorin Karin Wieland Andreas Baader einen »Dandy des Bösen«, sie schreibt: »Baader besaß das Monopol auf Narzissmus innerhalb der Gruppe.« Seine Liebe zu schnellen Autos, Seidenhemden und Samthosen, die er noch im Wüstencamp der AL Fatah getragen haben soll, einmal beiseitegelassen: Die Texte der RAF sind letztlich selbst ein Produkt der Postmoderne, sie sind ein Spiel mit Zitaten der Ideengeschichte. Alles nur geklaut: Bei Marx, Mao, Marcuse, bei Kropotkin und Marighella, alles neu gesampelt als revolutionärer Remix der urbanen Guerilla.

Stilistisch war die RAF dabei innovativer als inhaltlich. Sie schuf sich schon in den früheren Siebzigern eine stringente Corporate Identity, als viele Großkonzerne marketingstrategisch noch nicht so weit gedacht haben. Der Grafikdesigner Holm von Czettritz, ein alter Schwabinger Gefährte von Baader, erzählte vor ein paar Jahren, wie eines Tages Deutschlands meistgesuchter Terrorist vor seiner Tür stand und fragte, ob man das Logo der RAF nicht grafisch überarbeiten könne. Von Czettritz sagt: »Heute würde man Relaunch dazu sagen. Weil ich dazu aber keine Lust hatte und ich das irgendwie so naiv fand, hab ich ihm damals gesagt: ›In seiner Rustikalität hat das eine Originalität, die würde ich nicht verändern. Das muss diesen rauen Ursprungscharakter behalten. Das sag ich dir als Markenartikler.‹«

ANHANG

Chronologie

2. Juni 1967
Student Benno Ohnesorg bei Demo in Berlin erschossen.
Der Schah von Persien ist zu Besuch, die Studenten protestieren, die Polizei prügelt. In einer stillen Seitenstraße stirbt Ohnesorg, von einer Polizeikugel getroffen.

2. April 1968
Brandstiftung in zwei Frankfurter Kaufhäusern.
Der spätere RAF-Anführer Andreas Baader und Komplizen legen die Feuer – noch achten sie darauf, dass es keine Toten gibt. Die Täter werden gefasst.

11. April 1968
Anschlag auf Studentenführer Rudi Dutschke.
Der Anstreicher Josef Bachmann feuert drei Mal. Dutschke wird schwer verletzt. Er stirbt 1979 an den Spätfolgen des Attentats. Die Studenten werfen der Springer-Presse vor, den Täter aufgehetzt zu haben.

14. Mai 1970
Gründungsdatum der RAF: Andreas Baader aus der Haft befreit.

Mit Gewalt holen die Journalistin Ulrike Meinhof und andere Andreas Baader aus der Haft. Es fallen Schüsse. Ein Mann wird schwer verletzt. Meinhof taucht unter. Es ist der Anfang der RAF.

Sommer 1970
Militärische Ausbildung im Nahen Osten.
Baader, Meinhof und einige andere bereiten sich auf den bewaffneten Kampf vor. In Palästinenserlagern lernen sie den Umgang mit Waffen. Als »Stadtguerilla« wollen sie den Staat herausfordern.

8. Oktober 1970
Polizei nimmt in Berlin Horst Mahler und weitere RAF-Mitglieder fest.
Die Polizei enttarnt eine RAF-Wohnung – und nimmt fünf Terroristen fest. Darunter den mit einem Toupet getarnten Mahler, den damals wichtigsten Ideologen der Gruppe.

15. Juli 1971
Petra Schelm erste Tote bei Schusswechsel mit Polizei.
Die 20-jährige Schelm gerät mit ihrem BMW in Hamburg in eine Kontrolle, versucht zu fliehen und stirbt bei einem Feuergefecht mit der Polizei.

22. Oktober 1971
Der erste Polizist wird von der RAF erschossen.
Drei Monate nach dem Tod von Peter Schelm endet die Fahndung nach der RAF für den ersten Beamten tödlich.

Norbert Schmid wird in Hamburg erschossen. Der Polizeimeister ist 33 Jahre alt.

Mai 1972
Serie von Anschlägen auf US-Einrichtungen und Justiz.
Die RAF greift US-Stützpunkte und eine Polizeidirektion an. Anschläge auf den Springer-Verlag und einen Bundesrichter. Ein US-Soldat stirbt, viele Verletzte.

Juni 1972
Verhaftung der RAF-Anführer Baader, Ensslin, Raspe und Meinhof.
Mit einer beispiellosen Großfahndung setzt BKA-Chef Horst Herold die Terroristen unter Druck. Innerhalb weniger Tage gelingt es, die führenden Köpfe der RAF festzunehmen.

9. November 1974
Holger Meins stirbt an Folgen des Hungerstreiks.
Aus Protest gegen die Haftbedingungen hungern die gefangenen RAF-Leute. Meins stirbt in der Haft. Die Unterstützerszene wirft dem Staat Mord vor.

27. Februar 1975
»Bewegung 2. Juni« entführt den CDU-Politiker Peter Lorenz.
Der Berliner CDU-Spitzenkandidat Lorenz wird entführt und später gegen inhaftierte Terroristen ausgetauscht, für die RAF der Beweis, dass der Staat erpressbar ist.

24. April 1975
Überfall auf die deutsche Botschaft in Stockholm.
Um die inhaftierte RAF-Spitze freizupressen überfällt ein
Kommando der Gruppe die Botschaft. Zwei Geiseln wer-
den erschossen. Der Staat gibt nicht nach. Nach einer Ex-
plosion sterben zwei Terroristen.

21. Mai 1975
Beginn des Prozesses in Stuttgart-Stammheim.
In einer aufwändig gesicherten Halle neben dem Hoch-
sicherheitsgefängnis beginnt der Prozess gegen Baader,
Meinhof, Ensslin und Raspe.
Die RAF-Leute werden unter anderem von Otto Schily
verteidigt.

9. Mai 1976
Selbstmord Ulrike Meinhofs in Stammheim.
Zermürbt vom Strafverfahren, der Haft und den Quere-
len innerhalb der Gruppe nimmt sich Meinhof das Leben. Die RAF wirft dem Staat Mord vor.

30. November 1976
Polizei findet Planungen für »Offensive '77« der RAF.
Bei der Festnahme des untergetauchten RAF-Anwalts
Siegfried Haag fallen den Behörden Unterlagen der Terro-
risten in die Hände. Offenbar plant die RAF für 1977 eine
große Offensive.

8. Februar 1977
Brigitte Mohnhaupt wird aus der Haft entlassen.
Nachdem sie ihre Haftstrafe verbüßt hat, kommt Mohn-

haupt frei. Sie ist nun Baaders Bevollmächtigte – und führt die Mordkommandos der RAF.

7. April 1977
Mord an Generalbundesanwalt Siegfried Buback.
Von einem Motorrad aus erschießen Terroristen den obersten Ankläger der Republik und seine Begleiter. Rache ist das Hauptmotiv der Täter. Die Auseinandersetzung zwischen RAF und Staat eskaliert.

28. April 1977
Lebenslange Haftstrafen für Baader, Ensslin, Raspe.
In Stammheim verurteilt das Gericht Andreas Baader, Gudrun Ensslin und Jan-Carl Raspe zu lebenslanger Haft. Die Gefangenen erhöhen den Druck auf die Genossen in Freiheit, sie aus dem Gefängnis zu holen.

30. Juli 1977
Mord an Dresdner-Bank-Chef Jürgen Ponto.
Ponto wehrt sich gegen seine Entführung – und wird von einem Kommando um Mohnhaupt und Christian Klar erschossen. Für die Tat nutzt Susanne Albrecht ihren privaten Kontakt zu »Onkel Jürgen«.

25. August 1977
Anschlag auf Bundesanwaltschaft scheitert.
Mit einem selbst gebauten Raketenwerfer zielt die RAF auf die Bundesanwaltschaft in Karlsruhe. Die Höllenmaschine geht nur deshalb nicht los, weil der für die Zündung benötigte Wecker nicht aufgezogen ist.

5. September 1977
Entführung von Arbeitgeberpräsident Schleyer.

In Köln entführt die RAF den Chef des Industrie- und Arbeitgeberverbandes, Hanns-Martin Schleyer. Seine vier Begleiter werden erschossen. Es beginnen die 44 dramatischsten Tage der westdeutschen Nachkriegsgeschichte.

13. Oktober 1977
Palästinenser entführen Lufthansa-Jet »Landshut«.

Ein Kommando der palästinensischen PFLP-SC bringt ein Flugzeug mit deutschen Mallorca-Urlaubern in seine Gewalt. Wie die Schleyer-Entführer fordern die Araber die Freilassung der RAF-Terroristen.

18. Oktober 1977
GSG 9-Kommando stürmt in Mogadischu die Landshut.

Auf dem Flugplatz der somalischen Hauptstadt befreit die GSG 9 alle Geiseln aus der Lufthansa-Maschine. Drei Entführer werden getötet. Die Geiselnehmer hatten zuvor Flugkapitän Jürgen Schumann ermordet.

18. Oktober 1977
Baader, Ensslin und Raspe töten sich in Stammheim.

Nach dem Scheitern der Flugzeugentführung erschießen sich Baader und Raspe mit Waffen, die in ihre Zellen geschmuggelt worden waren. Ensslin erhängt sich. Die RAF wirft dem Staat erneut Mord vor.

19. Oktober 1977
Schleyers Leiche wird in Mülhausen gefunden.

Die Terroristen töten Schleyer mit drei Schüssen in den

Hinterkopf. Seine Leiche wird nach einem Hinweis der RAF im Kofferraum eines Audi 100 gefunden. Bis heute ist unklar, wer geschossen hat.

11. Mai 1978
Brigitte Mohnhaupt in Jugoslawien gefasst.

RAF-Anführerin Mohnhaupt und drei weitere Terroristen werden auf dem Balkan gefasst. Jugoslawien lässt sie nach wenigen Monaten laufen.

25. Juni 1979
Anschlag auf Nato-General Alexander Haig.

Mit einer Sprengladung versucht die RAF, den Vier-Sterne-General Haig in Brüssel zu töten. Mehrere Begleiter Haigs werden verletzt.

2. Juni 1980
Bewegung 2. Juni schließt sich der RAF an.

Die zweite Terrorgruppe der 70er-Jahre – der »2. Juni« – ist am Ende. Ihre Reste schließen sich der RAF an. Sie bringen eine volle Kriegskasse mit.

15. September 1981
Anschlag auf US-General Frederick Kroesen.

Mit einer Panzerfaust feuert die RAF auf Kroesens Wagen. Der General überlebt. Auch für diese Tat werden später Klar und Mohnhaupt verurteilt.

November 1982
Mohnhaupt und Klar verhaftet.

Die Polizei entdeckt und observiert die geheimen Depots

der RAF. Erst wird Mohnhaupt gemeinsam mit Adelheid Schulz gefasst; kurz darauf Klar.

1. Februar 1985
Mord an MTU-Chef Ernst Zimmermann.
Ein RAF-Kommando überfällt den Rüstungsmanager in seinem Haus in Gauting am Starnberger See und tötet ihn durch einen Genickschuss.

8. August 1985
Anschlag auf Rhein-Main-Airbase der US-Truppen.
Die Terroristen töten einen US-Soldaten und benutzen dessen Ausweis, um ein mit Sprengstoff beladenes Auto auf die Base in Frankfurt zu fahren. Die Detonation tötet zwei Menschen und verletzt 23.

9. Juli 1986
Mord an Siemens-Vorstand Karl Heinz Beckurts.
Der Siemens-Manager und sein Fahrer Eckhard Groppler werden auf dem Weg ins Büro durch eine Bombe getötet, die ihren Wagen zerfetzt.

10. Oktober 1986
Mord an Ministerialdirektor von Braunmühl.
Auf dem Weg zu seiner Wohnung in Bonn-Ippendorf wird der Diplomat auf offener Straße erschossen. Nach der Tat wird der Schutz für Spitzenbeamte in der Bundeshauptstadt drastisch verstärkt.

30. November 1989
Mord an Deutsche-Bank-Sprecher Alfred Herrhausen.

Wie Beckurts wird auch Herrhausen mit einer Bombe getötet, die sein Auto zerfetzt. Eine Lichtschranke löst die Explosion aus. Herrhausens Fahrer überlebt.

Juni 1990
Zehn RAF-Aussteiger in der DDR enttarnt.
Nach dem Zusammenbruch des SED-Regimes werden zehn ehemalige RAF-Leute festgenommen, die in der DDR Unterschlupf gefunden hatten.

1. April 1991
Mord an Treuhand-Chef Detlev Karsten Rohwedder.
Die Schüsse auf Rohwedder sind der letzte Mordanschlag der RAF. Rohwedder stirbt in seinem Haus in Düsseldorf. Seine Frau wird verletzt.

10. April 1992
RAF erklärt Verzicht auf politische Morde.
In ihrem »April-Papier« kündigt die RAF an, das Morden vorerst einzustellen. Zuvor hatte sich der FDP-Politiker Klaus Kinkel um eine Deeskalation bemüht.

27. März 1993
Gefängnisneubau in Weiterstadt gesprengt.
Die neue Strategie, Menschen zu schonen, zeigt sich beim Anschlag in Weiterstadt: Sachschaden weit über 100 Millionen Mark, keine Verletzten.

27. Juni 1993
Tote bei Schusswechsel im Bahnhof Bad Kleinen.
Der GSG 9-Mann Michael Newrzella und der Terrorist

Wolfgang Grams werden getötet. Die Umstände sind lange umstritten. Innenminister Rudolf Seiters tritt wegen einer Serie von Pannen zurück.

20. April 1998
Auflösungserklärung der RAF.
Bei der Nachrichtenagentur Reuters geht ein Schreiben der RAF ein, in dem es heißt: »Die Stadtguerilla in Form der raf ist nun Geschichte.« Nach 28 Jahren löst sich die Terrorgruppe auf.

Bildnachweis

Autorennachweis

Markus Götting: S. 189–193
Martin Knobbe: S. 57–63, 64–87, 98–128, 135–160, 160–163
Joachim Lampe (bearbeitet von Martin Knobbe): S. 164–166
Silke Maier-Witt (berbeitet von Peter Sandmeyer): S.88–97
Rainer Nübel: S.128–134, 135–160 (Mitarbeit), 160–163
Stefan Schmitz: S.9–30, 31–35, 36–57, 167–189, 194–203

Register